青少年金融知识普及读本

股　　票

王芬芬　著

中国财政经济出版社

图书在版编目（CIP）数据

股票/王芬芬著.—北京：中国财政经济出版社，2013.7
（青少年金融知识普及读本）
ISBN 978-7-5095-4593-5

Ⅰ.①股…　Ⅱ.①王…　Ⅲ.①股票市场-青年读物②股票市场-少年读物　Ⅳ.①F830.91

中国版本图书馆CIP数据核字（2013）第140384号

责任编辑：付克华　　　　责任校对：黄亚青
封面设计：汪俊宇　　　　版式设计：王　荣

中国财政经济出版社 出版

URL：http://www.cfeph.cn
E-mail：cfeph@cfeph.cn

社址：北京市海淀区阜成路甲28号　邮政编码：100142
营销中心电话：88190406　北京财经书店电话：64033436　84041336
北京中兴印刷有限公司印刷　各地新华书店经销
787×1092毫米　16开　11.5印张　158 000字
2013年8月第1版　2013年8月北京第1次印刷
定价：20.70元
ISBN 978-7-5095-4593-5/F·3723
（图书出现印装问题，本社负责调换）
本社质量投诉电话：010-88190744
反盗版举报热线：88190492、88190446

序

作为现代经济的核心，金融活动已渗透到社会经济生活的各个方面，与百姓生活日益紧密地联系在一起。百姓日常的存款取款、刷卡消费、买卖股票，甚至交水电、煤气、电话费等，都离不开与金融打交道。人民群众已成为金融产品与服务的最广大消费者和金融安全与发展的基础。金融的安全运行、健康发展，关系国家经济安全和社会稳定，关系广大人民群众的切身利益。公众对金融知识的了解、对金融体系的信心，又是金融安全运行、健康发展的决定性因素。因此，宣传普及金融知识，提高公众金融素质，对于促进金融安全运行、健康发展和维护公众切身利益具有重要意义。

但是，目前我国针对普通百姓的普及性的金融素质教育仍然比较薄弱。总体来讲，人民群众的金融素质水平仍然落后于金融业的发展，表现为群众总体上金融知识水平不高，对金融创新的接受能力较低，信用观念比较淡薄，金融风险意识和风险识别能力较差，金融违约现象和非理性投资行为比较突出，金融诈骗犯罪容易得逞，金融纠纷时有发生，这对金融安全和社会稳定构成了威胁。因此，宣传普及金融知识，不但可以更好地培育社会公众的诚信观念、风险意识，还可以提升公众的经济收入和生活质量。金融只有走进社会、走进群众，为社会服务，使大众受惠，才是现代的金融、科学的金融，才是民生的金融、和谐的金融。

提高全民金融素质，是一项系统工程和长期任务，需要全社会的共同参与和不懈努力。如何从人民大众的角度，用浅显易懂的语言介绍金融工具和常识，阐述金融原理，分析五光十色、千变万化的金融现象，让金融学走出专业的象牙塔，走向平民大众和普通百姓，让广大群众了解和掌握金融知识，是中国经济市场化的需要，也是当今中国金融学界和业界的重要使命。

《股票》一书就是一部用通俗易懂的语言和经典案例讲述股票知识的读物，以帮助青少年了解与股票相关的基础知识、股票市场的发展历程、股票市场的规律以及中国股票市场等。该书内容深入浅出、通俗易懂、图文并茂，融知识性、思想性、趣味性于一体，是专门为青少年讲述股票知识的普及读物，它填补了中国金融科普读物的空白。

目　录

第一章
股票和股票市场

股票市场似乎有着无穷的魔力，每天上演着各类财富的创造和幻灭。随着新兴技术、产业以及各种事件的出现，价格永远在动态地调整以融合这些信息。尽管数百年来股票市场跌宕起落，“她”依然吸引了无数的人们为之疯狂。股票已经开始融入我们的生活，因此，若想更稳健地参与股票市场投资，需要我们掌握诸多有关股票和股票市场的基础知识。

一、什么是股票？

股票是一种有价证券，是股份公司在筹集资本时向出资人公开或私下发行的、用以证明出资人的股东身份和权利，并根据持有人所持有的股份享有权利和承担义务的凭证。股票代表着股东对股份公司的所有权。这种所有权是一种综合权利，如参加股东大会、投票表决、参与公司的重大决策、收取股息或分享红利等。同一类别的每一份股票所代表的公司所有权是相等的。每个股东拥有的公司所有权份额的大小，取决于其持有的股票数量占公司总股本的比重。股票一般可以通过买卖的方式有偿转让，股东能够通过股票转让收回其投资，但不能要求公司返还其出资。股东与公司之间的关系不是债权债务关系。股东是公司的所有者，以其出资额为限对公司负有有限责任，承担风险，分享收益。

图：上海飞乐音响公司股票

股票的种类很多，不同的分类方法就会有很大差异，可谓五花八门、形形色色。而且随着现代金融业的发展，越来越多的衍生产品被开发出来，以满足不同投资者的需求。

1. 按照股东权利来分，股票可分为普通股、优先股和后配股。

普通股是公司资本构成中最普通、最基本的股份，是股份企业资金的基础部分。普通股的基本特点是股票收益（股息和分红）不在购买时约定，而是事后根据股票发生公司的经营实绩来确定。公司的经营业绩越好，普通股的收益就越高；经营业绩差，普通股的收益就越低。

优先股是“普通股”的对称。公司发行优先股，主要是以保险安全型投资者为发行对象，因为对于那些比较富有冒险精神的投资者，普通股才更有魅力。优先股是股份公司发行的在分配红利和剩余财产时比普通股具有优先权的股份。

后配股是在利益或利息分红及剩余财产分配时比普通股处于劣势的股票，一般是在普通股分配之后，对剩余利益进行再分配。

2. 目前，我国上市公司的股票有 A 股、B 股、H 股、N 股等区分。这一区分的主要依据是股票的上市地点和所面对的投资者。

A 股是我国境内的公司发行，供境内机构、组织或个人（不含港、澳、台投资者）以人民币认购和交易的普通股股票。

B 股是中国内地公司发行的人民币特种股票，在国内证券交易所上市，以外币交易。

H 股即注册地在中国内地、上市地在香港交易所的外资股。香港的英文 HongKong，取其首字母，在港上市的股票就称为 H 股。

N 股指注册地在境内、上市地在纽约证券交易所的股票和存托凭证。纽约的第一个英文字母是 N，国内在纽约上市的股票就称为 N 股。

依此类推，新加坡的第一个英文字母是 S，在新加坡上市的股票就叫做 S 股。

3. 按照投资主体，股票可以分为国家股、法人股、社会公众股和外资股。

国家股为有权代表国家投资的部门或机构以国有资产向公司投资形成的股份（含现有资产折成的国有股份），即直接由国家拥有和控制的股份。

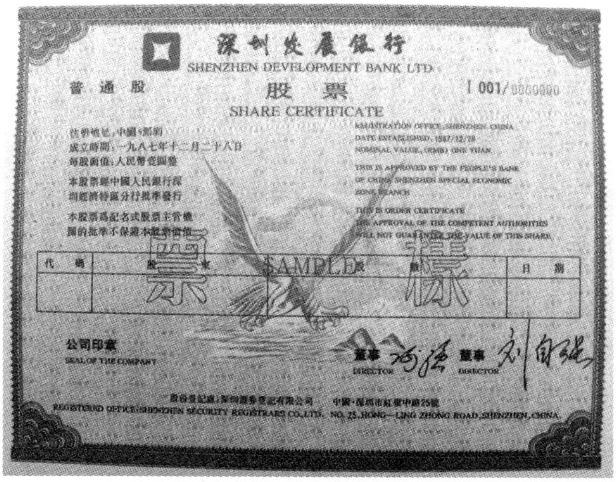

图：深圳发展银行股票

法人股是指企业法人或具有法人资格的事业单位和社会团体以其依法可支配的资产向股份公司投资形成的股份。

社会公众股是指我国境内个人和机构，以其合法财产向公司可上市流通股权部分投资所形成的股份。

外资股根据上市的地域又分为境内上市外资股和境外上市外资股。境内上市外资股又称B股，是指在中国境内注册的股份有限公司向境内外投资者发行并在中国境内证券交易所上市，是以人民币标明票面价值、以外币认购、供境内外投资者买卖的股票。境内外资股在境内进行交易。上海证券交易所的B股是以美元交易；深圳证券交易所的B股是以港币交易。境外上市外资股指在中国境内注册的股份有限公司在境外发行、由境外投资者以外币认购并在境外证券交易所上市的股份。境外上市外资股采取记名股票形式，以人民币标明其面值，以外币认购、交易和结算。境外上市外资股主要由H股、N股、S股等构成。

专栏：股票衍生品

股票衍生品是在股票基础上衍生出来的新的金融产品，例如，股票期货、股票期权合约、股票指数期货、股票指数期权合约等。金融衍生品的共同特征是保证金交易，即只要支付一定比例的保证金，就可以进行全额交易，而不需实际上的本金转移。合约的结算一般也采用现金差价结算的方式进行，只有在到期日以实物交割方式履约的合约，才需要买方交足贷款。可以看出，金融衍生品交易具有杠杆效应。因此，股票衍生品具有较高的风险。

股票期货是以单只股票作为基础工具的期货，买卖双方约定，以约定的价格在合约到期日买卖规定数量的股票。事实上，股票期货均实行现金交割，买卖双方只需要按规定的合约乘数乘以价差，盈亏以现金方式进行交割。为防止操纵市场的行为，并不是所有上市交易的股票均有期货交易，交易所通常选取流通盘较大、交易比较活跃的股票推出相应的期货合约，并且对投资者的持仓数量进行限制。

股票价格指数期货是以股票价格指数为基础变量的期货交易，是为适应人们控制股市风险，尤其是系统性风险的需要而产生的。股票价格指数期货的交易单位等于基础指数的数值与交易所规定的每点价值的乘积，采用现金结算。

股票期权合约是一个买卖协定，即在注明的将来既定日期，以既定价格（立约成价）买入或卖出相当于某一既定股票数量（合约乘数）的金融价值。所有股票期权合约都以现金结算，合约到期时不会有股票交收。合约到期时，立约成价和最后结算价两者之差乘以合约乘数的盈亏金额，会在合约持有人的账户中扣存。最后结算价是按照最后交易日该合约所代表的股票在现货市场每五分钟最高买入价及最低卖出价的中间价格的平均值计算。如果股票期权的投资者希望在合约到期前平仓的话，只需原先沽空的投资者买回一张期货合约，而买入合约的投资者卖出一张期权合约即可。

二、股票市场：虚拟经济的开始

股票市场是股票发行和流通的场所，也可以说对已发行的股票进行买卖和转让的场所。股票市场是一种虚拟经济。除了上市公司分红之外（分红在投资者收益中的比例很少），投资者的交易是一种零和博弈，要想获得收益，必须推高股价，这样在公司经营不发生变化的前提下，股价可以不断膨胀，从而造成经济泡沫。

举个例子大家就可以明白：某家公司股本 100 股，即发行 100 股股票。大家以 10 元钱一股买入 100 股原始股，而将这 100 股一路交易推到 100 元一股的价格是很容易的事情。于是原来公司 1,000 元的市值就变为 10,000 元的市值，股票市值增长了 9 倍；反之，如果将股价打压到 1 元，公司市值就减少了 9/10。事实上，我们的财富本身并没有什么增减，这就是虚拟经济虚幻的本质。

虚拟资本内在的不稳定性来自其本身的虚拟性。例如，股票本身并不具有真正的价值，只是代表获得收入的权利，是一种所有权证书，这使持有者在法律上有权索取购买有价证券时付出的资本所应获得的那一部分剩余价值。当股票可以在股票市场上进行买卖之后，由于其本身并没有价值，故其价格的确定不是按照客观的价值规律，而是按照人们对其未来价格的主观预测，还要受到其供求状况的影响，这就使其价格脱离了实际经济活动的效益。

图：泡沫经济漫画

由于股票是一种没有偿还期限的有价证券，投资者在一级市场中认购了股票以后，就不能要求退股，只能到二级市场中卖给其他投资者。从理论上来说，无论在一级市场还是在二级市场上，股票的价值应当主要取决于股份公司未来的绩效，即等于其将来收益的现值。尽管股票的价格在股票市场中经常呈现出无规则的波动，但归根结底，股票是寄生于上市公司之上的，而股票市场则是寄生于实体经济之上的。

由于股市自身具备的投机特性，股票市场将是投机资本关注的重点。当然，资本除了流向股市之外，还可能会流向债券、外汇以及衍生金融产品市场。但是考虑到股市与其他虚拟金融市场的竞争性，非股市的虚拟资产投机泡沫并不能有效传导或反映到股市中去。在证券交易中，投资者对于现在及未来市场条件和价格变化的信息掌握得很不充分，投资实力和风险承受能力参差不齐，对投资价值的认识和估计千差万别，投资的目的和期望回报期的长短也各不相同。还有许多投资者没有关于股票市场投资的基本知识，对于大量涌现的市场信息，缺乏认识和判断的能力，在交易时往往盲目地跟风，听信各种传言，甚至只凭个人直觉和冲动进行投资活动，因此，在股市中必然存在着大量的不确定的东西。

专栏： **虚拟经济简解**

股票制度起源于1602年的荷兰东印度公司。当时该公司经营航海事业，它在每次出海前向人们集资，航次终了后，即将各人的出资以及该航次的利润交还给出资者。1613年起该公司改为四航次，才派一次利润。这就是“股东”和“派息”的前身。1602年，荷兰人开始在阿姆斯特河桥上买卖荷属东印度公司的股票，这是全世界第一只公开交易的股票，而阿姆斯特河大桥则是世界最早的股票交易所。

股票是对未来定价。未来是那么的不可知。股票（未来）一旦可以买卖，就可能不准，可能溢价，溢价部分，就是虚拟出来的财富。

做梦是人的本性，正常情况下，人总是向高处想，总是高估未来。20倍市盈率，就是20年才能收回成本。现实中，我们一般不会投资20年才能收回投资的项目，但20倍市盈率的股票，我们总是说，不贵。

虚拟财富能够刺激消费。股票涨了，什么都敢买。虚拟财富能够吸引更多的投资，将更多的现金交给企业。最典型的是IPO。

股票出现之前，经济靠剩余扩大再生产。有了股票，可以靠虚拟出来的财富消费、投资，不亦乐乎。我们既然已经得到了虚拟的好处，我们就要为它付出代价。不可能总是软着陆，总有玩砸的时候。不可能总将泡泡吹到不大不小，刚刚好。

虚拟财富有自我膨胀的本性，产生泡沫。制造泡沫需要道具，铁路、君子兰、新经济、房地产都充当过道具。泡沫，皆大欢喜的泡沫。但泡沫大了，总有破的时候。比如美国次贷危机刺破了美国的经济泡沫。泡沫破了，信心没了。虚拟财富极度缩水，造成消费低迷、失业。对实体经济造成伤害。

三、影响股票价格的相关因素

股票的市场价格一般是指股票在二级市场上交易的价格。股票的市场价格由股票的价值决定，但同时受许多其他因素的影响。宏观经济和证券市场运行状况、行业前景以及公司经营状况是影响投资者对将来股价的预期，从而影响当前买卖决策并最终导致当前股价变化最主要的原因，在证券分析中，我们通常把这三类因素统称为基本因素，对这些因素的分析称为基本分析或基本面分析。

（一）公司经营状况

股份公司的经营现状和未来发展是股票价格的基石。从理论上来讲，公司经营状况与股票价格正相关，公司经营状况好，股价上升；反之，股价下跌。公司经营状况的好坏，可以从以下各项来分析：

1. 公司治理水平与管理层质量。公司治理包括决定公司经营的若干制度性因素，其重点在于监督和制衡，良好的公司治理结构和治理实践对公司的长期稳定经营具有至关重要的作用。对于公司治理情况的分析主要包括公司股东、管理层、员工以及其他外部利益相关者之间的关系及其制衡状况，公司董事会、监事会构成及运作等因素。管理层是具体负责公司日常经营的核心力量，对公司的营运前景关系重大，对管理层的分析包括主要高级管理人员经验、水平、性格等内容，以及管理团队稳定性、合作和分工等情况。

2. 公司竞争力。在任何时期、任何行业，具有竞争力的公司股票通常更容易得到投资者的认可；反之，缺乏竞争力的公司股票价格会下跌。最常用的公司竞争力分析框架是所谓的SWOT分析，它提出了4个考察维度，即公司经营中存在的优势、劣势、机会和威胁。对具体公司而言，竞争力分析的侧重点各不相同，但通常会包括市场占有情况、产品线完整程度、创新能力、财务健全性等。

3. 财务状况。会计报表是描述公司经营状况的一种相对客观的工具，分析公司财务状况，重点在于研究公司的盈利性、安全性和流动性。

公司盈利水平高低和未来发展趋势是股东权益的基本决定因素，通常把盈利水平高的公司股票称为绩优股，把未来盈利增长趋势强劲的公司股票称为高增长型股票，它们在股票市场上通常会有较好的表现。

图：2010年中国企业竞争力年会

公司财务的安全性主要是指公司偿还债务从而避免破产的特性，通常用公司的负债与公司资产和资本金相联系来刻画公司的财务稳健性或安全性。而这类指标同时也反映了公司自有资本与总资产之间的杠杆关系，因此也称为杠杆比率。除此之外，财务安全性分析往往还涉及债务担保比率、长期债务比率、短期财务比率等指标。

公司资金链状况也是影响公司经营的重要因素，流动性强的公司抗风险能力较强，尤其在经济处于低迷时期，这一类公司股票往往会有较好的表现；反之，流动性脆弱的公司，一旦资金链断裂，很容易陷入技术性破产。衡量财务流动性状况需要从资产负债整体来考量，最常用的指标包括流动比率、速动比率、应收账款平均回收期、销售周转率等。

4. 公司改组或合并。公司改组或合并有多种情况，有的是为了扩大规模、增强竞争能力而改组或合并，有的是为了消灭竞争对手，有的是为了控股，也有的是为了操纵市场而进行恶意兼并。公司改组或合并总会引起股价的剧烈波动，但要分析此举对公司的长期发展是否有利，改组或合并后是否能够改善公司的经营状况，这是决定股价变动方向的重要因素。

专栏： 2008年度分红派现榜
——最牛分红VS最老“铁公鸡”

2008年中国上市公司整体业绩出现负增长，不少上市公司在净利润减少、行业前景不确定的情况下，增加现金储备，成为股市铁公鸡，而也有不少公司积极回报股东投资，拿出真金白银进行派现。根据统计数据发现，盐湖钾肥以每10股派现16.72元成为最牛分红上市公司，而金杯汽车以连续15年不进行利润分配成为A股最长寿的铁公鸡。

图：公司业绩与高管薪酬

统计数据显示，随着上市公司2008年总体业绩增长为负，但1545家上市公司高管去年的薪酬总计为51.46亿元，剔除2008年以后上市的公司，可比的1453家公司高管薪酬为49.02亿元，较2007年的45.01亿元，上涨8.9%。但上市公司高管薪酬的差别却有天壤之别，最富有的高管收入是最穷的高管收入的2,000多倍。深发展最富，ST秦岭最穷。2008年上市公司高管富豪10人的平均年薪是10,472,540元，最穷高管10人平均年薪38,762元，平均相差10,433,778元，其中年薪最高的深发展董事长法兰克纽曼，该公司去年业绩下滑了七成多，但法兰克纽曼的年薪却高达1,598万元，位居所有上市公司的高管之首。而最可怜的要数ST秦岭总经理王清海，其去年领取的薪酬仅为7,920元，与法兰克纽曼相比，相差2,000多倍。

另外，最有钱的前30位上市公司高管的收入是去年全国城镇单位职工收入的200多倍。数据表明，2008年最富有的前30位上市公司高管的平均年薪是621万元。在十强高管富豪中，金融行业占6人，地产行业占2人，电子电器高管占1人，金属制品业占1人。

（二）行业与部门因素

股票市场中，经常观察到某一行业（例如，有色金属、装备制造、商业零售、房地产）或者板块（例如，新能源板块）的股票在特定时期中表现出齐涨共跌的特征，这说明在这些股票中，存在着某种行业性或产业性的共同影响因素：

1. 行业或产业竞争结构。首先需要列出该行业所有的企业，重点考察其中的已上市公司；其次需要研究各家公司所占的市场份额及变化趋势、该行业中企业总家数的变化趋势等。从该项分析可以得到该行业垄断/竞争特性的初步结论。

2. 行业可持续性。技术及其他因素的变化有可能终结某些行业的发展，例如，手机的普遍采用终结了早期作为移动通信主要方式的传呼机，导致该行业的公司不能继续发展其业务。

3. 抗外部冲击的能力。考察某个行业在遭遇重大政治、经济或自然环境变化打击时业绩的稳定性。例如，高油价可能对整个交通运输业以及相关制造行业产生非常大的不利影响，但对替代能源生产行业则是有利的。

4. 行业生命周期。根据产业周期理论，任何产业或行业通常都要经历幼稚期、成长期、成熟期、稳定期 4 个阶段。即使行业不同，但只要处于相同生命周期的股票价格通常也会呈现相似的特征。

(三) 宏观经济以及其他因素

宏观经济发展水平和状况是影响股票价格的重要因素。宏观经济影响股票价格的特点是波及范围广、干扰程度深、作用机制复杂和股价波动幅度较大。

1. 经济周期。人们常说，股票市场是经济的晴雨表。也就是说股价变动不仅随经济周期的变化而变化，同时也能预示经济周期的变化。实证研究显示，股价的波动超前于经济波动。往往在经济还没有走出谷底时，股价已经开始回升，这主要是由于投资者对经济周期的一致判断所引起的。我们通常称股市是虚拟经济，称与之相对的现实经济为实体经济，两者的关系可以说是“如影随形”，彼此都能对对方有所反映。

当社会需求随着人口增加、消费增加等因素而不断上升的时候，产品价格、工人工资、资本所有者的投资冲动都会增加，连带出现的情况是投资需求增加，市场资金价格（即利率）上涨。工资的增加又使得个人消费再度增加。企业投资的增加和个人可支配收入增加，使实物经济质量不断提高，企业效益不断上升，经济发展得到进一步刺激。当经济上升到一定程度时，社会消费增长速度开始放缓，产品供过于求，企业开始缩小生产规模，社会上对资金的需求减少，资金价格下落，经济进入低迷状态。当实物经济按照上述周期运行时，以证券市场表示的虚拟经济也处于周期运行之中，只是证券市场运行周期比实物经济周期更为提前。

图：经济周期的四个阶段

2. 物价变动。普通商品价格变动对股票市场有着重要影响。具体来说，物价上涨，股价上涨；物价下跌，股价也下跌。具体分析商品价格对股票市场价格的影响，主要表现在四个方面：（1）商品价格出现缓慢上涨，幅度不是太大，且物价的上涨率大于借贷利率的上涨率时，这时公司库存商品的价格上升，由于产品价格上涨的幅度高于借贷成本的上涨幅度，于是公司利润上升，股票价格也会因此而上升。（2）商品价格上涨幅度过大，股价没有相应上升，反而可能下降。这是因为，物价上涨引起公司生产成本上升，而上升的成本又无法通过商品销售而完全转嫁出去，从而使公司的利润降低，股价也随之降低。（3）物价上涨，商品市场的交易呈现繁荣兴旺时，有时是股价正陷于低沉的时候，人们热衷于即期消费，使股价下跌；当商品市场上涨回跌时，反而成了投资股票的最好时机，从而引起股价上涨。（4）物价持续上涨，引起股票投资者保值意识增强，因此使投资者从股市中抽出资金，转而投向动产或不动产，如房地产、贵重金属等保值强的物品上，带来股票需求量降低，因而使股价下跌。

专栏：股市的“丁蟹效应”

股票价格是指股票在证券市场上买卖的价格。人们之所以愿意购买股票和其他证券，是因为它能够为其持有人带来预期收益，因此，它的价值取决于未来收益的大小。将股票的预期收益按必要收益率和有效期限折算成今天的价值，即为股票的现值。尽管股票的市场价格由股票的价值决定，但同时受许多其他因素的影响。宏观经济和证券市场运行状况、行业前景、公司经营状况以及人们的预期都会影响投资者对未来股价的预期，从而影响当前买卖决策并最终导致当前股价的变化。

尽管人们的预期会对股市形成一定影响，但是当前的股市也变得越来越八卦了。近期，随着郑少秋主演的新剧《心战》开始在香港无线播出，股市神奇的“丁蟹效应”（又称“秋官效应”）成为了股民甚至娱乐圈的话题。从 20 世纪 90 年代的经典剧《大时代》开始，每逢有郑少秋演出的新剧推出，股市就会惨烈下跌，以至于郑少秋成了“股患”的代名词。这次《心战》的推出又碰上股市连续下跌，股民感叹这个“郑克星”实在是太厉害了……

所谓的“丁蟹效应”是中国及欧美股票市场的一个奇特现象。它绝不是什么财经权威研究出的经济理论，而是一项近乎玩笑的“娱乐定律”——事情要回溯到 1992 年 10 月，郑少秋（秋官）主演的电视剧《大时代》播出。剧中郑少秋饰演的丁蟹，在股票市场处于熊市时凭借着抛空恒生指数期货而获取暴利。电视剧播出时，香港股市暴跌，恒生指数一个月内跌幅曾多达 1,283 点（20.6%），股民损失惨重。

事有凑巧，1998 年的亚洲金融风暴及 2000 年的 IT 股泡沫爆破之时，都有郑少秋主演的电视剧上演，“丁蟹效应”之说因此不胫而走。在接下来的10多年里，几乎每当郑少秋主演的电视剧播放时，香港股票市场都会有显著下跌。郑少秋几乎与“股患”划上了等号。据不完全统计，郑少秋的电视剧、节目播出后股市有明显下挫记录的达到了32次。2012年5月初，郑少秋的新剧《心战》推出预告片后，港股恒生指数连跌五天，至上周累计跌幅超10%，令股民无法不相信“丁蟹效应”。

令人费解的是，“丁蟹效应”甚至可以“遗传”，在郑少秋女儿郑欣宜身上同样出现了有剧播映必定令香港股市狂泻的“魔力”。有股民评价称郑欣宜是“丁蟹效应2.0加强版”。

不过，不少金融业人士用理性方式告诉股民，“丁蟹效应”并不真实，只能算是巧合。屡屡发生之后就有不少人认为真有其事。单凭“丁蟹效应”很难把市场推倒，不排除有些人利用“丁蟹效应”作为引爆点，从中兴风作浪。

3. 通货膨胀。通货膨胀是影响股票市场价格的一个重要宏观经济因素。这一因素对股票市场趋势的影响比较复杂，它既有刺激股票市场的作用，又有压制股票市场的作用。通货膨胀主要是由于过多地增加货币供应量造成的。货币供应量与股票价格一般呈正比关系，即货币供给量增大使股票价格上升；反之，货币供给量缩小使股票价格下降。但在特殊情况下又有相反的趋势。

图：通货膨胀使人们压力加大

4. 政治因素。政治因素泛指那些对股票价格具有一定影响力的国际政治活动、重大经济政策的发展计划以及政府的法令、政治措施等。政治形势的变化，对股票价格也产生了越来越敏感的影响。其主要表现在：（1）国际形势的变化。如外交关系的改善会使有关跨国公司的股价上升。投资者应在外交关系改善时，不失时机地购进相关跨国公司的股票。（2）战争的影响。战争使各国政治经济不稳定，人心动荡，股价下跌，这是战争造成的广泛影响。但是战争对不同行业的股票价格影响又不同，比如，战争使军需工业兴盛，那么凡是与军需工业有关的公司的股票价格必然上涨。因此，投资者应适时购进军需及其相关工业的股票，售出容易在战争中受损的行业的股票。

5. 人为操纵。一般来说，在正常的股票市场上，能够操纵股价的往往不是个人，而是一个大集团，如某些金融巨头运用手头的财势，在市场上兴风作浪，推波助澜，促使某些股票在市场上时而狂涨，时而暴跌，从而使他们在股票价格的剧烈波动中大发横财，而使一些中、小股东在这场恶战中倾家荡产。

在股票市场中，操纵股价的方法多种多样，其中最常见、最普遍的方法，就是一些金融集团利用股市疲软之时，低价大量买进，然后设法哄抬价格，以便低进高出。一般在哄抬股价的过程中，仍在不断买进，并散发各种似是而非的谣言，以引诱散户跟进，从而使股市形成一种“利多”的气氛效应，待股价达到相当高位时，再不声不响地将低价购进的股票售出，这样大进大出就赚取了巨额暴利。相反，某机构也可以在股价高峰，不断卖出，并设法压底行情，造成一种股价下跌的气氛，等股价低到某一价位时，再把高价卖出的股票全部买回，以达到高出低进的目的，这一出一进就可使操纵者获取暴利。

专栏：“股神”汪建中被判7年，罚金过亿

2011年8月3日，汪建中涉嫌操纵证券市场案在北京市第二中级人民法院宣判。法院判决，汪建中犯操纵证券市场罪，判处有期徒刑七年，罚金人民币125,757,599.5元。

北京市检察院第二分院指控，汪建中在担任首发公司负责人期间（2006年7月至2008年5月），以本人及亲戚朋友的名义，开设多个证券账户，采用先买入低价股票，然后以公司名义在网站及上海证券报等媒介对外推荐该股票，人为影响股票交易价格，而当大量股民争相购买该股票，致使股票价格高升时，汪建中本人及其亲戚朋友立即高价抛出，从中获利。其中汪建中利用自己实际控制的9个账户，在买卖“工商银行”、“中国联通”等38只股票中，操纵证券市场55次，累计买入股票52.6亿元，卖出53.8亿元，非法获利1.25亿元。

图：“股神”汪建中在审判席上

庭审中，汪建中否认自己有罪，称这是公司业务的一部分，是公司行为。其辩护人进行了无罪辩护，提出汪建中个人通过短线交易模式买卖证券的行为，不属于刑法规定的操纵证券市场的行为，且其行为未达到法定的追诉标准。虽然被证监会认定为违法，但未达到刑法所规定的情节严重程度。

但是法院认为，经查指控汪建中操纵证券市场的行为是2007年1月至2008年5月，按照当时使用的最高人民检察院、公安部关于经济犯罪追溯标准的规定，操纵证券价格非法获利50万元以上的进行追究，属于情节严重。汪建中操纵证券市场55次，获利1.25亿余元，数额特别巨大。另外，首发公司对外发布的股评和“荐股”

是汪建中的个人意志，非法利益也是其个人占有。其公司职员与分析师的证言均能证实，股评分析中推荐股票的内容是汪建中个人提供和决定的。汪建中的辩解缺乏事实根据，法院不予采纳。

据悉，汪建中因涉嫌操纵证券市场罪，于2008年11月8日被查获归案，次日被刑事拘留，同年12月16日被捕。2009年5月16日，汪被北京市公安局公共交通安全保卫分局监视居住，同年9月28日再次被北京市公安局逮捕。而以涉嫌操纵证券市场罪名移交司法处理的股市“黑嘴”，汪建中算是第一人。

四、政府干预股市的相关政策

股市并不是万能的，也不是始终有效的，当股市失灵时，政府干预是必要的。股市具有内在的不稳定性，通过与实体经济的内在联系，影响实体经济的正常运行。在虚拟经济规模庞大、股市交易量大大超过实体经济总量的今天，股市运行亟须政府干预。政府干预股市，就是要保持股市的平衡运行，发挥其带动经济增长的积极作用，限制其对经济增长的消极影响。但是，政府干预股市不应该按照计划经济的方式对股市供求强行进行行政管制，也不应该完全依照自由市场的逻辑让其放任自流。在过去的十余年中，在股市低迷时，我国政府曾经多次借助“有形之手”的作用，以政策托市；也曾试图强化市场“无形之手”的作用，完全依靠市场机制自由调控市场。但是，实践证明，两者的效果都不够理想。这些说明，过度的行政干预和完全的自由放任，都不是推动股票市场乃至资本市场健康发展的措施。政府要做的应该是，通过经济、法律、行政手段加强监管，对上市公司、证券公司、交易主体等实施全方位的监管，为市场创造良好的运营环境，从而实现风险逐步缓释、避免风险高度积累、充分发挥股市有效配置资源的作用。当然，这并不排除在股市出现崩溃时，政府会采取非常手段来控制局面。

1. 财政政策。财政是国家为实现其职能的需要对一部分社会产品进行的分配活动，它体现着国家与其有关各方面发生的经济关系。财政规模和采取的财政方针都对股市有着直接影响。例如，国家采取积极的财政方针，股价就会上涨；相反，国家财政规模缩小，或者显示将要紧缩财政的预兆，则投资者就会预测未来景气不好而减少投资，因而股价就会下跌。虽然股价反应的程度会依当时的股价水准而有所不同，但投资者可根据财政规模的增减，作为辨认股价转变的根据之一。

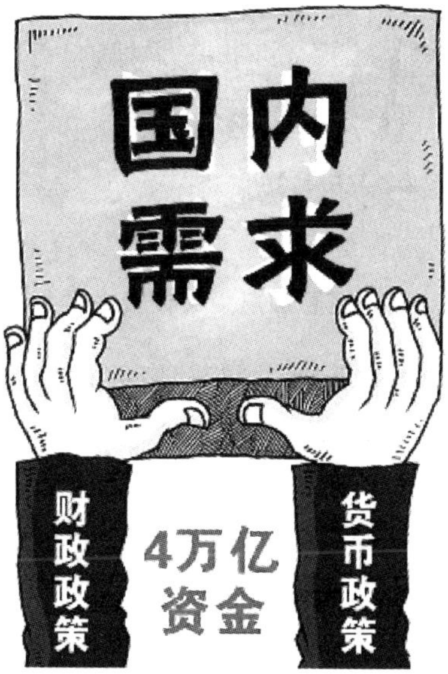

图：积极的财政政策和货币政策拉动国内需求

财政投资的重点，对企业业绩的好坏，也有很大影响。如果政府采取产业倾斜政策，重点向交通、能源、基础产业投资，则这类产业的股票价格，就会受到影响。财政支出的增减，直接受影响的是与财政有关的企业，比如，与电气通讯、房地产有关的产业。因此，每个投资者应了解财政实施的重点。股价发生变化的时点，通常在政府的预算原则和重点施政还未发表前，或者在预算公布之后的初始阶段。因此，投资者对国家财政政策的变化，也必须给以密切的关注，关心财政政策变动的初始阶段，适时作出买入和卖出的决策。

2. 货币政策。中央银行的货币政策是服务于经济发展本身，只有当货币政策制定者认为经济发展出现了问题时，预计未来的经济增长率、失业率、通货膨胀率不能够实现理想目标时，中央银行才会出台比较强硬的货币政策来应对不利局面。

图：是否加息中央银行左右为难

当中央银行认为经济发展过热，需要抑制或是防止通货膨胀的快速上升时，会执行从紧的货币政策，控制货币供应量 M2 的增长速度，目的是希望投资者先控制一下投资的热情，不要过于乐观。此时，大家就会从媒体上听到中央银行开始上调法定存款准备金率了。当中央银行连续多次上调法定存款准备金率时，货币供应量 M2 的增长速度就会明显放慢，货币的需求量就会大于货币的供应量，利率水平也会相应上升，流入股票市场的钱“应该”会减少，资金量少了，股价可能会下跌。在 2007 年，中央银行为了抑制通货膨胀的快速升高，连续多次上调法定存款准备金率，这确实会对股票市场有一定的影响。然而，中国的股市在 2008 年的暴跌，根本原因是市场价格严重高于股票的内在价值，暴跌是必然结果，绝对不要认为是中央银行的货币政策造成股市暴跌的。

当中央银行认为经济发展处于萧条阶段、需要刺激经济增长时，会执行宽松的货币政策，刺激货币供应量 M2 的增长速度，目的是希望投资者更多地去投资。此时，大家就会从媒体上听到，中央银行开始下调法定存款准备金率了。当中央银行连续多次下调法定存款准备金率时，货币供应量 M2 的增长速度就会明显增加，利率水平也会相应下降，流入股票市场的钱“应该”会增多，资金量多了，股价就可能会上涨。在 2008 年年底次贷危机爆发后，中国政府为了应对全球性经济危机，执行适度宽松的货币政策，中央银行连续多次下调法定存款准备金率，而中国股市在 2009 年大涨的根本原因就是股票的内在价值被市场严重低估了，股市的上升是必然的，货币政策只是在股市走出低谷时起到了推动作用而已。

3. 汇率政策。外汇行情与股票价格有密切的联系。一般来说，如果一国的货币是实行升值的基本方针，股价便会上涨，一旦其货币贬值，股价即随之下跌。所以外汇行情会带给股市以很大的影响。

图：人民币与美元

在当代国际贸易迅速发展的潮流中，汇率对一国经济的影响越来越大。任何一国的经济都在不同的程度上受汇率变动的影响，而且汇率变动对一国经济的影响程度取决于该国的对外开放度程度，随着各国开放度的不断提高，股市受汇率的影响也日益增大。但最直接的是对进出口贸易的影响，本国货币升值受益的多半是进口业，亦即依赖海外供给原料的企业；相反的，出口业由于竞争力降低，而导致亏损。可是当本国货币贬值时，情形恰恰相反。但不论是升值或是贬值，对公司业绩以及经济局势的影响，都各有利弊，所以不能单凭汇率的升降而买入或卖出股票，这样做就会过于简单化。

专栏：漫谈股指期货

有两个老股民讨论未来行情，产生了严重的多空分歧。阿多认为3月后，大盘可以站在1,800点以上，阿空则认为大盘不可能超过1,700。辩论得难解难分，一时兴起，决定一赌定输赢。口说无凭，立字为证，俩人真就签了份合同。合同写得明白，双方以1,800点为界，如果3个月后大盘超过1,800点，看空的阿空先生就赔钱给阿多，一个点一百；届时要是大盘低于1,800点，阿多就得掏钱给阿空，也是一个点一百。如果不多不少正好1,800点，就互不相欠。得！签字，落款，人家签合同还碰杯，咱这酒就免了，击掌！

俩人这手巴掌还没放呢，就听见"咯咯"的笑声。谁啊？是站在旁边一位穿西服的。阿多和阿空不由得同问："你是谁？"这主彬彬有礼地回答："我是期货公司的经理，叫阿财。"阿空问："你笑什么？"阿财笑道："我发现，你们刚才签的，实际上就是一个股指期货的远期合约"。

阿空和阿多不禁睁大了眼。股指期货可是2010年证券市场的大事，据说12月份前后就开盘交易。别看阿空和阿多是资深股民，对期货却是隔行如隔山，更别提咱这还没做的股指期货啦。所以阿财的说法让阿空和阿多来了精神。阿空问："您的意思是，我们打这个赌，就是股指期货了？"阿财又笑："您两位别左一个赌，右一个赌的。你们要是把我的股指期货看成赌博，我这期货公司就别办啦。股指期货是一种金融衍生品……"

阿空打断阿财的话头："行了老兄，什么金融衍生品？这词多拗口啊？这几天老听说什么期货啦指数什么的，不懂。您是经理，能不能通俗地跟我们讲讲，这股指期货到底怎么回事？是咋个赌法？"阿财这回不笑了："您要是老把股指期货和赌钱拴一块，我就什么也不讲了"。阿多自知理亏："行行，不说赌了。您说这股指期货怎么玩？"

阿财又乐："说玩也不准确。算了，这么说吧，股指期货是从商品期货发展出来的。商品期货，您俩位？"当然啦，阿多、阿空只有摇头。恰巧不远处的有个小茶馆，三人就进去坐了下来。阿财要了铁观音，给阿空也倒了一杯。阿多不喝茶，点了一杯果汁。阿财看了果汁，知道怎么说了。

"就从这果汁说起吧。假如您是果汁厂的老板，您就得要买橙子，他是种橙子的果农，也想卖橙子给您。要是你们在这一手交钱一手交货，这就不是期货啦，这是现货交易。但是，现在橙子没到季节啊，两位就签了个合同，约好三个月后，他收的橙子卖给您，你们定好了数量、价格、品质和交货地点。这种合同，就是我们说的远期合约。"阿财敲敲果汁杯子，"所以呐，期货，其实不是真正的'货'，而是订货的合同。当然，也不是所有的远期合约都是期货，期货的远期合约是一种标准化的合约。简单说，通过期货公司签定的远期合约，每张合约的商品规格、数量和交货地点都是期货交易中心规定的，每一种期货合约，大家都是签同样的合同，这就叫标准化的远期合约。"

阿空有点明白了，他说："要做期货，得先在你们期货公司写好的合同上签字？"阿财表示赞赏地点了点头："不过，您要是我们期货公司的客户，只要咱们约定好，您在系统上委托买入卖出，就意味着签定了远期合约。这和你们买股票有些像。如果您是卖方，也只要在期货公司填一张卖出委托。当然，是否成交还要看价格。这和买卖股票也是一样的。双方价格谈得拢，就成交，我会在阿空的账号上记下您有一份空头的仓位，阿多成交，账号上也被记录一个多头的仓位。"

阿多说："这不就是炒股么？有什么区别呀？""区别当然有啦，"阿财很耐心："期货和股票主要的区别有两个：一是买货的多头并不需要现在就交钱，而是交一笔保证金；卖方也不是现在就交货，也只要交一笔保证金。第二个区别，如果你们签订了买卖合同，无论是卖方和买方，都可以改主意，就是在我这里把已经拥有的合约转让给别人，在期货术语中，这叫‘平仓’。”

阿财看着俩人频频点头，继续乘兴演讲：“我为什么说你们刚才签的是一个股指期货的远期合约呢？因为你们的意思是这样的：阿多是买方，要求在未来的9月29日，也就是三个月后，用1,800点对应的股价，按照上证指数股票的权重买下上交所的一批股票；而阿空呢，承诺在未来的9月29日，以1,800点对应的价格卖出这批股票，这就是指数期货。”

阿多说：“您的意思是，我们把股票当做货，把指数当做价格，就是像做期货那样做股票？”阿财说：“指数期货，可以这样理解。”阿多又说：“那我还是有疑问。因为我不是真想要这些股票，我只是认为三月后的指数会在1,800点以上。”

阿财又笑了：“我就知道您不想真的把股票抱回家。其实在期货市场，很多投资者也不是真的要买货卖货，所以我们又定了个游戏规则：到了交割日，您可以用现金补足合约价格和交割价格的差价，就算是履行合约了，这叫现金交割，股指期货也要求投资者用现金交割。你们就在9月29日算账。那天股指高出1,800点一个点，阿空赔100块钱，而每低1个点，阿多交100块钱。”

阿空高兴起来：“嘿！真没想到，我们打赌都打出个股指期货来！”阿财正色说：“不能说赌……”没等他说完，阿多也拍手大笑：“好好好，我全明白了。我们俩刚才赌的，就是指数。如果到期货公司去玩，就叫股指期货了，而且还合法了，不算赌啦，哈哈……”再看阿财，早已经气得说不出话来了。

图：股指期货——做空也能赚钱

第二章
股票市场的发展历程

股票最早出现于资本主义国家。17 世纪初，随着资本主义大工业的发展，企业生产经营规模不断扩大，由此而产生的资本短缺、资本不足便成为制约着资本主义企业经营和发展的重要因素之一。为了筹集更多的资本，于是，出现了由股东共同出资经营的企业组织，进而又将筹集资本的范围扩展至社会，产生了以股票这种表示投资者投资入股，并按出资额的大小享受一定的权益和承担一定的责任的有价凭证，并向社会公开发行，以吸收和集中分散在社会上的资金。

一、在远航贸易领域诞生

股票从它产生那天起，就伴随着风险和投机。在 15 世纪，地理大发现开通了东西方之间的航线，这使海外贸易和殖民地掠夺成为暴富的捷径。而要组织远航贸易必须组建船队，需要巨额的资金，此外远航经常会遭到海洋飓风和当地居民的袭击，要冒很大风险。而在当时，没有一个投资者能拥有如此庞大的资金，也没有谁甘愿冒这么大的风险。为了筹集远航资本、分摊经营风险，就出现了以股份集资的方法，即在每次出航之前，招募股金；航行结束后，将资本退给出资人，并将所获利润按所出股金的比例进行分配。

为保护这种股份制经济组织，航海比较发达的荷兰、英国等国家的政府不但给予它们各种特许权和免税优惠政策，还制定了相关法律。这为股票的产生创造了法律条件和社会环境。这些公司开始的运作模式是在每次航行回来后就返还股东的投资并分配利润，其后又改为将资本留在公司内长期使用，从而产生了普通股份制度，相应的形成了普通股股票。世界上最早的股份有限公司制度诞生于1602年，即在荷兰成立的东印度公司。股份有限公司这种企业组织形态出现以后，很快为资本主义国家广泛利用，成为资本主义国家企业组织的重要形式之一。伴随着股份公司的诞生和发展，以股票形式集资入股的方式也得到发展，并且产生了买卖交易转让股票的需求。这样就带动了股票市场的出现和形成，并促使股票市场完善和发展。截至目前，人们发现的第一张股票就是荷兰东印度公司印制的，印制于1606年。它属于一位阿姆斯特丹市民，面额为50荷兰盾。这张股票写着，这位阿姆斯特丹市民几年以后，也就是1611年，他能够得到的回报是255荷兰盾。因为在贸易航行中获取的利润十分丰厚，这类公司开始迅速膨胀，股票也随之得到发展。

图：荷兰东印度公司的总部

在17世纪中期以前，股东若要转让所持的股票，就要在本公司内找到相应的人员来接受，或设法依公司章程规定将本公司以外的承购者变为公司的成员，股票的转让相当不便。伴随着荷兰建立了世界上最早的证券交易所——阿姆斯特丹证券交易所，股票开始可以任意转让，购买了公司股票的人就具有公司的股东资格，享有股东权。到17世纪后半叶，此类公司的数量已经相当可观。迫于现实考虑，英国等国家用法律形式确认其独立的、固定的组织形式，从而使股份有限公司成为稳定的组织形式，股金成为长期投资。股东凭借公司制作的股票享有股东权，领取股息。与此相适应，证券交易也在欧洲的原始资本积累过程中顺利展开。

现代意义的股票和股份有限公司是随着新航路的开辟以及追求财富的冒险活动而诞生并成长起来的。股份公司的变化和发展产生了股票形态的融资活动，股票融资的发展产生了股票交易的需求，股票交易的需求促成了股票市场的形成和发展，而股票市场的发展最终又促进了股票融资活动和股份公司的完善和发展。

专栏：　　最早的股票市场

股票市场起源于17世纪的欧洲，即所谓的“探险时代”。联合股票公司（持股人数超过1人）开始成立，商人们为了开发和探索新的贸易路线，征服新的殖民地，联合起来共同分摊此探险过程的昂贵且又风险巨大的投资。尽管回报很高，但风险也很大，甚至投入的资本可能血本无归。

第一家联合股票公司成立于1553年的伦敦，其目的就是开发通往远东的贸易路线，即丝绸和香料的产地。主要的投资都失败了，但却和俄罗斯取得了联系，股东也赚得了一定的股息和利润。此公司也就是后来的莫斯科威公司，它成为后来联合股票公司的典范。随着新成立的公司越来越多，股票市场也就完全把公众和企业同等对待。私营形式的经纪商开始出现，它主要把投资者介绍给公司股东和商人。在1773年伦敦股票交易所成立前，他们一直聚集在伦敦的咖啡屋中。

然而，世界上最早成立的股票交易所，是在荷兰的阿姆斯特丹股票交易所。它成立于17世纪前期，即1602年荷兰东印度公司的成立之后。该公司注册时，已垄断了从非洲之角的好望角通往麦哲伦海峡的贸易，并建立了茶叶、香料和丝绸等高利润的商业往来。该公司是第一家向公众发行股票的公司。

欧洲其他的股票市场也都起源于早期的贸易。例如，尽管法兰克福股票交易所的第一家上市公司是奥地利国民银行，但该股票市场的起源，仍应追溯到16世纪后期的法兰克福秋季博览会，当时在这里进行的只是汇票交易，但是在18世纪末，这里定期举行的是债券和本票的交易。

图：阿姆斯特丹证券交易所

二、工业革命助推股票发展壮大

从17世纪末到19世纪中叶，英国、法国先后爆发了资产阶级革命，大机器工业生产代替手工生产的产业革命迅猛崛起，导致了商品经济的极大发展。股份有限公司因适应了大工业的要求而迅速发展起来，股票也相应得到发展。出于生产对于扩大资金来源和进行远距离运输以扩大市场的需要，银行、运输业急需筹集大量资金，而通过发行股票来筹集资金、建立股份有限公司就成为当时的一种普遍方式。1694 年成立的第一家资本主义国家银行——英格兰银行及美国在 1790 年成立的第一家银行——合众美国银行都是以发行股票为基础成立的股份有限公司。由于股价制银行既可以发行银行券，又能吸收社会资金来发放贷款，其盈利非常可观。而相对于远航贸易来说，银行股票是金融业股票，不但股息多，而且风险小，所以股票和股份制在金融业得到了迅速发展。

在 18 世纪，蒸汽机的发明和推广应用导致了工业革命。此时，资本主义的主要工业部门从手工业逐渐过渡到机器大工业生产。不但纺织业使用了大机器，而且推广到轮船和机车，改变了整个工业的交通状况，大大地促进了生产力的发展。这时的生产规模已经远远不是单个资本家的小规模投资所能适应，它不但需要专业化生产和分工协作，还要求在交通能源、原材料、基础设施等方面进行巨大投资，而这些投资却不是少数资本家或当时政府的财力所能承担的。而股份有限公司和股票正好提供了一条用资本社会化来集中资金的出路。股份有限公司因适应了大工业的要求而迅速发展起来，股票在工业领域也相应得到迅速发展。

图：工业革命时修建的铁路

在18世纪70年代到19世纪中期，英国利用股票集资这种形式共修建了长达2,200英里的运河系统和5,000英里的铁路。美国在18世纪初的50年里建成了大约3,000英里的运河及2,800英里的铁路。到了19世纪60年代以后，由于资本主义大工业生产要求扩大企业规模、改进生产技术和提高资本的有机构成，独资或合伙办企业就难以适应。这时资本主义国家政府就采取各种优惠措施来鼓励私人集资兴建企业。股份有限公司开始在工业系统确立统治地位。于是，股票的自由转让，特别是利用股票价格进行投机，刺激了人们向工业企业进行股票投资的兴趣。股份有限公司在各个工业领域都迅猛发展，成为主要的企业组织形式，而且通过股票筹措的资本额越来越大。如1799年杜邦创立的杜邦火药公司就是用每股2,000美元的股票筹措了15股资本创办的，而1902年成立的美国钢铁公司则用股票筹措了多达14亿美元的股金资本，成为第一个10亿美元以上的股份有限公司。

三、股票之母：股份制度

股份制度是股票市场之母。要了解股票市场的发展，首先需要了解股份制度的产生和发展。20世纪80年代末期，中国的许多大小企业都争先恐后地改成股份制。这可能是我们对股份制最早的了解了。但是，什么叫股份制？什么叫股份有限公司？最早出现在哪里？

14—15世纪，西欧商品货币经济的发展使流通中所需的货币量急剧增加，黄金作为货币的职能日益突出，成为最贵重的交换物，占有黄金就意味着占有一切。《马可波罗行记》对中国、印度等地的夸张描述，使西欧贵族、商人、航海家把东方看成是遍地黄金的地方，到东方实现黄金梦是促进开辟新航路的重要原因。而此时，西班牙和葡萄牙两国都完成了政治统一，建立了中央集权的国家，他们希望开辟新航路来发展对外贸易，增加收入并扩张自己的势力。贵族、商人以及教会都希望从海外冒险中开辟新市场，掠夺黄金。这一切使西、葡两国的商人和贵族充当了第一批远洋探险和殖民者的角色。

在15世纪，航海家哥伦布在西班牙政府的资助下发现了新大陆，随后葡萄牙的航海家麦哲伦又完成了第一次环球航行。这些地理上的大发现开通了东西方之间的航线，使海外贸易和殖民地掠夺成为暴富的捷径。而在当时，没有一个投资者能拥有数额如此巨大的资金来组建船队，也没有谁甘愿冒这么大的风险来组织远航贸易。为了筹集远航的资本并分摊经营地风险，出现了以股份集资的方法，股份有限公司也随之出现。

当时的欧洲是一个神权的社会，流传着这样的说法：人犯了罪，死后是要下地狱的，因此，人们对上帝崇拜得简直无以复加。人们为了避免下地狱，只好在死前将自己的土地、房屋捐给教会。那时，英国最为典型，绝大多数的土地是属于教会的。但是教会不是公司，神父等人是不能够经营企业的。更为严重的是，神父不能结婚，因而他们没有合法的后代，所以无人继承。那么教会接收了这么多的土地和房子，准备用谁来经营，由谁来继承呢？由于找不到继承人，当时的教会不得不聘请了职业经理人。但是职业经理人并不拥有这些土地和房子的所有权，因此，这些资产的管理权和所有权就不得不分离开来。这样，一个非常有趣的概念就出来了，股份有限公司的“有限”意味着什么？“股份”意味着什么？这里有两点：第一是管理权和所有权的分离，我们把它看成一个了不得的创举；第二点是有限责任制，上市公司和有限公司，我们把它当作一个了不得的法宝。因为教会没有合法的继承人，管理权和所有权不得不分离，因此，只能由职业经理人来经营。

那么，为什么叫有限公司呢？那就是没有追诉权。譬如我公司借了多少钱，公司没钱了，我跑了就跑了，你不能向我个人追诉，这就叫做有限责任制。在当时的情况下，在一个神权的社会中，职业经理人在经营企业，经营房地产的时候，他有没有可能去借钱？因为借了钱，如果还不上，债主就可能到教会大吵大闹。当时的神权社会不允许这么做。所以，股份有限公司制的管理权和所有权是分离的。那么为什么是有限责任制呢？因为怕上帝处罚，债主不敢到教会去闹。当时的教会是神权的中心，这些职业经理人心里面有的是对上帝的“信托责任”，所以“信托责任”是在宗教系统里形成的。这种以良知为基础的“信托责任”，是股份制得以生存的唯一原因。也就是说，要推行股份制，就必须有良心，你必须全心全意地为教会做事，因为这是上帝的企业。在这种有良知的“信托责任”的压力之下，在对上帝的责任驱使力之下，股份有限公司得以生存。

图：当时的人在购买股票

股份制最早出现在英国。1553 年，英国以股份集资的方式成立了莫斯科尔公司，1581 年又成立了凡特利公司，其采取的方式就是公开招买股票，购买了股票就获得了公司成员的资格，之后产生了普通股份制度，相应形成了普通股股票。从 1661 年开始，股票可以任意转让。购买了公司股票的人就具有公司的股东资格，享有股东权。到 1680 年，此类公司在英国已达 49 家，这就是要求以法律形式确认其独立的、固定的组织形式。

到 17 世纪初期，由于商品经济有了较高程度的发展，资本主义经济萌芽已经出现并有所发展，因而出现了以股份公司为主的股份经济。19 世纪后半期，商品经济与资本主义生产方式相结合，致使单个的私人资本已经容纳不了社会化的生产力，于是几个乃至几十个私人资本，以资本入股发行和认购股票的形式组成的股份公司迅速发展起来。以股份公司为主要形式的股份经济，成为资本主义股份经济的典型形态。

专栏：　股市人物——巴菲特

沃伦·巴菲特（Warren Buffett，生于1930年8月30日），全球著名的投资商。他在2008年的《福布斯》财富排行榜上超过比尔·盖茨，成为世界首富，被誉为“股神”。2010年7月，沃伦·巴菲特再次向5家慈善机构捐赠股票，以当前市值计算相当于19.3亿美元。这是巴菲特2006年开始捐出99%的资产以来，金额第三高的捐款。

1930年8月30日，沃伦·巴菲特出生于美国内布拉斯加州的奥马哈市。巴菲特从小就极具投资意识，钟情于股票和数字的程度远远超过了家族中的任何人。他满脑子都是挣钱的想法，5岁时就在家中摆地摊兜售口香糖。稍大后他带领小伙伴到球场捡大款用过的高尔夫球，然后转手倒卖，生意颇为红火。上中学时，除利用课余时间做报童之外，他还与伙伴合伙，将弹子球游戏机出租给理发店老板，挣取外快。

1940年，10岁的巴菲特随父亲去了纽约。在这个世界金融中心，他被华尔街股票交易所的景象迷住了。一年后，这个少年第一次进行股票投资，以每股38美元的价格买进了一种公用事业股票，不久，这只股票的价格上升到了40美元，巴菲特将股票抛出。1947年，巴菲特进入宾夕法尼亚大学攻读财务和商业管理专业，但他觉得学教授们的空头理论不过瘾，两年后便不辞而别，辗转考入哥伦比亚大学金融系，拜师于著名投资学理论学家本杰明·格雷厄姆。在格雷厄姆门下，巴菲特如鱼得水。格雷厄姆反对投机，主张通过分析企业的赢利情况、资产情况及其未来前景等因素来评价股票。他教授给巴菲特丰富的知识和诀窍。富有天分的巴菲特很快成了格雷厄姆的得意门生。

20世纪50年代是美股的黄金时间，道琼斯工业平均指数由1950年初的200点上升到1959年底的679点。此时，巴菲特的个人资本已由9,800美元激增到14万美元。1962年，巴菲特合伙人公司的资本达到了720万美元，其中，100万美元是属于巴菲特个人的。当时他将几个合伙人企业合并成一个“巴菲特合伙人有限公司”。

1968年，巴菲特公司的股票取得了历史上最好的成绩，增长了59%，而道琼斯指数才增长了9%。巴菲特掌管的资金上升至1.04亿美元，其中，属于巴菲特的有2,500万美元。

1969年，巴菲特将2,500万美元的个人资产全部买入伯克希尔公司的股票。在伯克希尔公司1 528 217股A股股票中，巴菲特一个人就拥有477,166股，占31.1%，为第一大股东。他的妻子拥有34,476股（占2.3%）。巴菲特担任伯克希尔公司董事长兼首席执行官，查理·芒格担任副董事长。1980年，他用1.2亿美元，以每股10.96美元的单价，买进可口可乐7%的股份。到1985年，可口可乐改变了经营策略，开始抽回资金，投入饮料生产，其股票单价已长至51.5美元，翻了5倍。至于赚了多少，其数目可以让全世界的投资家咂舌。1992年，巴菲特以74美元一股的价格购入435万股美国高技术国防工业公司——通用动力公司的股票，到年底股价上升到113美元。巴费特在半年前拥有的32,200万美元的股票已值49,100万美元了。

2006年底，伯克希尔工业王国早已不再是一家纺纱厂，它已变成巴菲特庞大的投资金融集团。1965—2006年的42年间，伯克希尔公司净资产的年均增长率达21.4%，累计增长幅度为361,156%；同期，标准普尔500指数成分公司的年均增长率为10.4%，累计增长幅度为6,479%。2008年，巴菲特由于所持伯克希尔·哈撒韦公司股价大涨，身价猛增100亿美元，至620亿美元，成为世界首富。

在投资经验上，由巴菲特每年给股东的信整理而成的《巴菲特致股东的信：股份公司教程》一书搜集整理了20多年巴菲特致股东的信的精华段落。巴菲特认为此书是整理其投资哲学的一流之作。

四、荷兰：世界上最早的股市

说起世界上最早的股市，我们必须提一下荷兰商人。16世纪末至18世纪的荷兰商人最值得称道的地方就是他们在商业贸易方面的创新精神和开拓能力。他们敢为天下先，把海上贸易和制度创新一起加以拓展。荷兰人将银行、证券交易所、信用以及有限责任公司有机地统一成一个相互贯通的金融和商业体系，创造了现代商品经济制度。荷兰人很早就认识到了股票市场的作用，包括优化资源配置，募集资金，将长期风险短期化、集中风险分散化，另外，股票市场还可以吸引公众参加公共事务管理，促进企业变革。

世界历史上第一个股票交易所，距今已经有400多年的历史，那就是于1609年在荷兰诞生的阿姆斯特丹证券交易所。它经营的第一个上市、第一只股票，或者说它做的第一单（在当时也是唯一的一单）IPO就是荷兰的东印度公司。在资本主义发展史上，东印度公司显得非常重要，它是现在资本主义商业公司的开山鼻祖，现代国际社会上发展风头正劲的跨国公司都带有它的影子。历史上，英国、荷兰都曾建立过东印度公司，但是荷兰的东印度公司影响尤其大。

荷兰的国土面积并不大，在800年以前，这里是一片没有人烟而只有海潮出没的湿地和湖泊。从12世纪到14世纪，才逐步形成了人类可以居住的土地。直到今天，荷兰仍有1/3的国土位于海平面以下。就是这样一个地方，在400年前，也就是17世纪，却是整个世界的经济中心和最富庶的地区。一个仅有150万人口的国家，将自己的势力几乎延伸到地球的每一个角落，被马克思称为当时的“海上第一强国”。

新航路的开辟，加强了欧洲与世界各地区、各民族之间的联系，贸易范围空前扩大，欧洲市场上流通的商品种类大大增加，包括亚洲的丝绸织品、香料、棉花、茶叶，美洲的黄金、白银、糖、烟草、染料、毛皮，非洲的黄金、象牙等。海外各地对欧洲商品的需求量急剧增加，如欧洲的奢侈品、武器以及各种手工业品，这些商品的贸易量都大大增加了。当时的欧洲各国兴起海上冒险，探寻世界地理，发展海外的商机，与东方贸易更是人们眼中有利可图的事。欧洲商路和贸易中心从地中海转移到大西洋沿岸。意大利城市威尼斯、米兰等商业中心的地位逐渐被葡萄牙的里斯本、西班牙的塞维利亚、尼德兰的安特卫普、英国的伦敦所取代。“商业革命”引起欧洲社会大变动，荷兰面对“商业革命”引起航运业和商业空前兴旺的形势，抓住契机，把发展世界商贸确定为基本国策。

16世纪的葡萄牙在东南亚地区已有殖民地和商品贸易。为了直接到东印度群岛进行香料贸易，不甘落后的荷兰人开始了艰苦卓绝的探险航行。1594—1597年，荷兰人巴伦支为探寻一条由北方通向中国和印度的航路，曾在北冰洋地区进行了三次航行，并到达新地岛，后来人们把那个地区命名为巴伦支海；在南半球，勒美尔和斯考顿于1616年到达美洲极南部的合恩角。荷兰人要沿着葡萄牙人的航线到东方去，必须要有可靠的资料，可是葡萄牙人将这些资料严加管理。1504年，葡萄牙国王曼努埃尔颁布法令，严禁地图中包含有关刚果航线的任何说明。凡是泄露这类情报的早期地图均被销毁或篡改。尽管如此，秘密还是被泄露出去了，荷兰人林索登曾作为葡萄牙大主教的仆人在印度生活了 7 年，他于 1595 年发表了描绘世界地理情况的《旅行日记》，使葡萄牙保守了近一个世纪的秘密变成了常识。

利用这些信息，荷兰商人开始前往东印度地区发展。1595 年 4 月至 1602 年间，荷兰陆续成立了 14 家以东印度贸易为重点的公司。为了避免过度的商业竞争，这 14 家公司合并成为一家联合公司，也就是荷兰东印度公司。这是世界上第一个股份制公司，它以政府为第一大股东，向全体国民融资。该公司存续了近 200 年，于 1799 年解散。公司遗址为现今的阿姆斯特丹大学。荷兰当时的国家议会授权荷兰东印度公司在东起好望角、西至南美洲南端的麦哲伦海峡具有贸易垄断权。荷兰东印度公司是第一个联合的股份公司，为了融资，公司发行股票，承诺对这些股票分红。通过向全社会融资的方式，东印度公司聚集了 650 万荷兰盾的资金，成功地将分散的财富变成了自己对外扩张的资本。甚至阿姆斯特丹市市长的女仆也成了东印度公司的股东之一，成千上万的国民之所以愿意把安身立命的积蓄投入到这项存在巨大风险的商业活动中，除了是出于对财富的渴望，更重要的是因为荷兰政府也是东印度公司的股东之一。

建立联合东印度公司的目的，用今天的话说，就是为了“做大做强”，以便能够派遣更多的商船前往海外，通过买卖交易换回当时欧洲缺少的货物，如瓷器、香料、纺织品、丁香、肉桂、茶叶、砂糖、琥珀等等，这些物品在当时的欧洲可以卖到很高的价钱，但是没有人能够单独提供大笔巨资为船队准备航海和贸易，所以人们通过转让股权、发行股票来筹集所需要的资金。通过向全社会融资的方式，东印度公司成功地将社会分散的财富，变成了自己对外扩张的资本，同时大大分散了可能的风险（如航行途中遇到意外的海难、海盗、瘟疫或上岸后的战争冲突等）。

对于买了东印度公司股票的人来说，获得的利润既可以以黄金、货币的形式支付，也可以直接用货物如瓷器、香料支付。由于船队做大了，贩运回来的货物有可能一年比一年更多、更值钱，拥有股票者有可观的“盈利预期”，这就产生了股票的“市盈率”概念，因此，人们踊跃地大量购买东印度公司的股票，实际上就是预估其增长潜力，看好它的未来。

现在我们试想一下当时股票持有人对投资回报的期待，是很有意思的：他们欢天喜地地买下了公司股票，满怀希望地目送着商船出海远洋，然后焦灼不安地等待、关注、打听着有关商船航行以及到达目的地后进行交易的一切信息（尽管那时候通讯不发达，他们能够了解到的无非是一些道听途说的小道消息）。三五年过后，一些商船陆续回来了，满载着交易（应该也有很多属于掠夺，强取豪夺或巧取诈夺）来的货物，整个阿姆斯特丹城市便像过节一样沸腾了！很快，公司现金、现货分红的时候到了，翘首以待等了几年的股票持有者，尽情享受着这场海上贸易盛宴，赚得盆满钵满！

那么，荷兰民众为什么这样信任东印度公司而愿意把钱交给它呢？不仅仅是因为荷兰政府也是公司股东，而且是最大的股东，更因为荷兰人有诚信的文化和传统。历史上就有一些荷兰船商宁可饿死病死、牺牲数人生命，而不动用客户的食物和药品的例子。另外还有一点很重要，荷兰民众的投资，有很直观的、看得见摸得着的“盈利期待”，他们目送着一艘艘船进船出，看着满船的货物装上卸下，他们对投资回报的丰富想象力得到了“实体经济”、“实物经济”极其扎实的支撑与肯定！用股神巴菲特的话说，这些投资者晚上做的梦，不仅是平安宁静的，而且是幸福甜蜜的。

东印度公司虽然已经变成了历史的一道风景，但是它带给西方商业社会的影响是深远的。它把人类在军事上积累了几千年的经验带进了商业运作，这些经验包括决策精准及时、组织结构高效、后勤供应充分、鼓舞士气恰当以及情报收集和运用得当。那时的东印度公司已经不是一个纯粹的“民营企业”，里面掺杂了皇亲国戚、地方大员的各种因素，也就是我们所说的“权贵资本主义”。同时它也不是一个纯粹的商业公司，而是集政治、军事、商业为一体的组织机构。也就是说，资本主义自崛起时，就不是纯粹的“政企分开”，而是“军政企一体”。这样做，主要是为了整合当时的各种资源，为商业运作保驾护航。因此，整“合”各种资源于一体，而不是“分”而又“分”，这种运作模式是其发展的一个关键。

近代东印度公司的兴起，代表着股份制商业公司的兴起。股份制公司的产权基础是私有制，这是几千年来人类社会发展的产物。但是东印度公司带来了一个新的变化，那就是把几千年来互不相属的个体经营融合到了一起，变成了基于私有制的合股经营。事情就这样发生了变化，合作经济这个新生事物出现了，同时也带来了人们观念上的变化，即个人利益与公司利益共同化。观念的变化，使得人们在处理个人与公司利益时有一个基本的行为准则，即个人自觉维护公司利益，并通过公司利益的实现来实现个人利益。因为这一点，资本主义公司就具有凝聚力，资本主义股份制公司成为许多人的利益共同体，变成许多资产者共同的集体事业，使得国家、军队、学校、科研院所、工厂、商店等融为一体，从而调动许多人为这个共同的目标而统一行动。因此，资本主义的事业不但力量壮大了，而且队伍扩大了，变成了社会的群体协作事业。

在东印度公司获得巨大成功之后，荷兰在17世纪成为一个虽然不能说是世界上最强大的，但的确是一个极具实力的金融大国。而财富的绝大部分都集中在一个城市，即强大的交易中心——阿姆斯特丹。这个时期最重要的金融交易都汇聚在这里进行。阿姆斯特丹的交易所有些像现在的华尔街。这里的资金相当充裕，以至于城市里有名气的贸易家族和银行家族相互之间的贷款利率仅为2.5%。那时，几乎整个欧洲都向阿姆斯特丹借债。阿姆斯特丹股票交易所成为当时整个欧洲最活跃的资本市场，前来从事股票交易的不仅有荷兰人，还有许许多多的葡萄牙人和西班牙人。大量的股息收入从这个面积不超过1000平方米的院子流入荷兰国库和普通荷兰人的腰包。阿姆斯特丹银行和阿姆斯特丹股票交易所的设立加速了荷兰的货币流通。货币资本流动性的加速使得荷兰的利率比其他欧洲国家都要低得多，这对荷兰贸易和经济的高速扩张起到了举足轻重的支持作用，这也是17世纪荷兰迅速崛起的一个重要原因。整个17世纪期间，荷兰的利率降低了一半多，而以英国为代表的欧洲其他金融市场，尽管利率的变动趋势也是下降的，但从来没有把利率降到足以与荷兰进行有效竞争的程度。

五、英国股票市场的发展历程

在17世纪，法国和英国是荷兰面对的两个极具威胁的竞争对手。但这两个最有实力和荷兰进行贸易竞争的国家却都置于荷兰的控制之下，其中一个非常关键的原因，就在于荷兰股票市场带来的强大的融资能力。阿姆斯特丹的国际金融中心地位，也使得阿姆斯特丹成为当时欧洲最著名的短期和长期信贷供应者。北欧与西北欧的贸易包括英国与波罗的海之间的贸易所需要的大部分资金都是由阿姆斯特丹提供的。在同法国、英国的贸易竞争中，荷兰这种强大的资金供给能力立即转化为强大的控制能力。整个17世纪期间，荷兰商人一直充当法国和英国进出口贸易的中间商，荷兰商人通过信贷手段能够随意改变贸易政策。

17世纪后半期，荷兰人的霸权逐渐衰落。从1689年开始，英、法两国为争夺政治及经济的优势地位和殖民地，进行了长达一个世纪的斗争，直到1763年以英国取得胜利而告终。钱是战争的支柱。在战争时期，国家不仅需要更多的钱，而且需要立刻将钱筹集起来。因此，一国的财力和筹集资金的能力成为决定一国战争成败的关键因素。英国取得英、法百年争霸的胜利，离不开伦敦发达的金融市场的支持。1689年，相比英国，法国显得更为强大，因为法国拥有4倍于英国的人口和更为强大的军队，它还拥有丰富的自然资源、优良的港口和海军基地。更为重要的是，法国的工业生产持续增长，而英国的工业增长速度却减缓了。所以，从1689年开始，英国面临一个远比以前的西班牙或荷兰更为可怕的强敌——法国。

但英国最终取得了这场号称“第二次百年战争”的胜利。正如许多学者所认为的那样，始于17世纪90年代的英国“金融革命”是英国取得英法百年斗争胜利的一个决定性因素。与法国相比，英国可以以较低的利息筹集到更多的资金。1752—1832年，法国政府支付的公债利息是英国政府公债利息的两倍以上。较低的利息负担使得英国可以筹到更多的钱用于建设庞大的海军和发展国力。

从18世纪开始，阿姆斯特丹的繁荣开始衰退。荷兰与英国、法国之间的战争，使阿姆斯特丹的经济大幅度倒退，经济基础的严重破坏导致了金融业的萧条。到后来，荷兰甚至被拿破仑率领的法国军队占领；国破家亡，更不要说发展经济了。直到1815年，荷兰才摆脱法国的统治，但是战争给荷兰留下了巨大的债务负担。

伦敦的金融市场是随着英法战争早期政府的庞大融资需求而蓬勃发展起来的，1695年，皇家交易所就已买卖公债以及东印度公司和英格兰银行的股票。随后，阿姆斯特丹资本市场的各种交易方法都在伦敦再现。到18世纪后半期，伦敦的资本市场开始超越阿姆斯特丹的资本市场，确立其支配地位。伦敦金融市场的繁荣，扩大和深化了政府债务市场。英国政府发行的债券越来越受外国投资者的欢迎，其融资成本也大大降低。

图：伦敦证券交易所

十七世纪后半叶，经济中心转移到了英国，在荷兰创立的股份公司在伦敦得到了飞跃发展。在伦敦最古老的交易所——皇家交易所，与商品交易混在一起进行买卖交易的有俄罗斯公司（1553 年创建）、东印度公司（1600 年创建）等公司的股票。由于买卖交易活跃，所以在皇家交易所进行股票买卖的交易商独立出来，在市内的咖啡馆里进行买卖。1773 年，在伦敦柴思胡同的约那森咖啡馆中，股票经济商正式组织了第一个证券交易所，即当今伦敦交易所的前身，这就是现代证券市场的原型。1802 年伦敦交易所新大厦落成开业，当时在交易所内交易的证券主要是英格兰银行、南海公司和东印度公司的股票。

“南海泡沫事件”是英国证券市场发展史上最重要的事件之一。南海公司成立于 1711 年，其经营策略主要是通过与政府交易以换取经营特权并以此谋取暴利。当时英国战争负债有一亿英镑，为了应付债务，南海公司与英国政府协议债券重组计划，由南海公司认购总价值近 1,000 万英镑的政府债券。作为回报，英国政府对南海公司经营的酒、醋、烟草等商品实行永久性退税政策，并给予对南海（即南美洲）的贸易垄断权。

1719 年，英国政府允许中奖债券与南海公司股票进行转换，随着南美贸易障碍的清除，加之公众对股价上扬的预期，促进了债券向股票的转换，进而带动股价的上升。次年，南海公司承诺接收全部国债，作为交易条件，政府逐年向公司偿还。为了刺激股票的发行，南海公司允许投资者以分期付款的方式购买新股票。当英国下议院通过接受南海公司交易的议案后，南海公司的股票立即从每股 129 英镑跳升到 160 英镑；而当上议院也通过议案时，股票价格又涨到每股 390 英镑。投资者趋之若鹜，其中包括半数以上的参议员，就连国王也禁不住诱惑，认购了 10 万英镑的股票。由于购买踊跃，股票供不应求，因而价格狂飙，到 7 月，每股又狂飙到 1,000 英镑以上，半年涨幅高达 700%。在南海公司股价扶摇直上的示范效应下，全英 170 多家新成立的股份公司的股票以及所有的公司股票，都成了投机对象。一时间，股票价格暴涨，平均涨幅超过 5 倍。

然而当时这些公司的真实业绩与人们期待的投资回报相去甚远，公司股票的市场价格与上市公司实际经营前景完全脱节。1720 年 6 月，为了制止各类“泡沫公司”的膨胀，英国国会通过了“泡沫法案”，即“取缔投机行为和诈骗团体法”，自此许多公司被解散，公众开始清醒，对一些公司的怀疑逐渐扩展到南海公司。从 7 月份起，南海股价一落千丈，12 月份更跌至每股 124 英镑，“南海泡沫”由此破灭。“南海泡沫”事件以及“泡沫法案”，对英国证券市场发展造成了重大影响，之后上百年左右的时间股票发行都在受到这个法律的制约，使英国股票市场几乎停滞不前，发展极为迟缓。这种情况一直持续到英国的工业革命。

18 世纪上半叶，随着英国工业革命的不断深入，大量的基础产业建设需要大量的资金投入，刺激了公司股票的发行与交易，股票市场开始逐渐活跃起来。这期间由于产业革命取得成功，英国成为世界上最早的“世界工厂”。为了促进工业品的输出，英国一边对海外进行资本输出，一边在国内发展纺织业等行业，进而在 19 世纪 30—40 年代发展重工业。在这个过程中，为了加强产业基础而进行的国家公共事业投资以及银行、保险等公司的数量开始急剧增加。首先以股份公司的形式登场的是运河公司的股票，虽然在股票市场进行培育的进展并不大，但其后铁道公司的股票在全国形成了投机热潮，引发了在全国各地开设证券交易所进行股票交易的热潮。至 1914 年“第一次世界大战”前英国共有 22 家地方证券交易所。

进入了 19 世纪 50 年代，伦敦证券市场再次向海外投资急速倾斜。因为被称为“商人银行”的英国式证券商的活跃，广泛地把美国的铁道债券、印度或澳大利亚的证券等加入了交易对象，从而为确立伦敦作为世界金融中心的地位而迈进了关键性的一步。到 1914 年，在伦敦交易所上市的证券中有 80% 是海外证券。因此，伦敦与其说是因为国内产业资本而成长壮大起来的，还不如说是作为海外资本的市场不断扩充而逐渐地扩大起来的。

专栏：英国为何错过了股市的发展机会？

在今天看来，美国与其他国家比有着最快、最深的财富兑现机器，但当年的英国比任何国家更具备条件发展出这样的兑现机器，为什么英国没能做到这一点呢？美国的“股市”机器又是怎么建立起来的呢？

随着英国在16世纪后半叶加入海洋贸易的行列，其金融业得到极大的推动，到18、19世纪，其金融发达程度领先世界，只不过其重点集中在银行、保险和债券市场，而不在股票市场上，尽管股票交易在同期也有不小的进展。从需求角度来讲，从17世纪一直到19世纪末，英国主要是在世界范围内发展简单的商品贸易。原因很简单，在英国本土人口少，特别是18世纪末在英国开始的工业革命又偏偏使他们具有大规模的生产能力，他们生产太多的东西在本国没法消费完，就必须运到国外、找海外市场。正因为英国在海外扩张仅仅是伴随与商品有关的简单外贸商业，所以在很大程度上，英国当时对金融的需求主要停留在保险和信贷业，而且短期交易很多。

之所以英国当年的债券市场能够非常发达，是因为17—19世纪英国政府需要大举国债，为其海军建设融资，这种因扩军而产生的政府融资需求促使债券市场最先在英国、荷兰等西欧国家发展，以至于伦敦证交所到1843年时超过90%的上市证券是债券，包括公债、公司债和外国政府债，股票交易只占不到10%，居第二位。换句话来说，在18、19世纪的英国鼎盛时期，其金融的特色主要是以银行、保险和债券市场而定义的。

实际上，英国当年有机会实现美国式的股市资本主义。在那里，股票交易从1555年左右就开始，17世纪末期股票交易在伦敦越来越火，到1720年的“南海泡沫”达到顶峰。但那次股票泡沫使英国议会通过一项严格限制股份有限公司的法案，要求所有新公司上市前必须得到议会的通过，就像今天中国公司上市要先得到证监会批准一样。该法案从根本上扼杀了英国股市的进一步发展，使伦敦股票交易沉闷130余年，直到1850年后才重新复苏。从某种意义上来讲，那项法案把以股权文化为中心的创新经济留给了后来的美国。

六、美国股票市场的发展历程

与荷兰、英国形成对比的是，美国股票市场首先是为了开发运河、铁道等国内产业基础而坚实地发展起来的。提到美国最初的证券市场可能大家都会自然地联想起华尔街，其实美国最早的证券市场是在宾夕法尼亚州的费城。当时费城不但是美国的政治中心，也是美国的金融中心。华尔街则是1653年前后荷兰殖民者作为交易基地而在曼哈顿岛的南部划分出一部分地方建立起来的。伴随着美国的殖民地经济的发展，华尔街也开始逐步繁荣，证券交易中介商人们所汇集的咖啡馆也不断地增加。最初交易者们聚集在露天街角一起进行买卖，随着经济发展以及投资者上升的热潮所支撑着的证券交易量不断地增加，还特地追加了傍晚的交易时间，同时也出现了刊登着交易价格波动状况的报纸。

专栏：　　华尔街的历史

华尔街位于纽约曼哈顿南端，在这条长500米的小街上，聚集着众多的商业银行、投资银行、保险公司和证券交易所等金融机构，这些著名的金融机构散布在华尔街及其周边地区。虽然地理上的华尔街非常小，可是华尔街是美国资本市场乃至金融服务业真正意义上的中心，并且已经成为世界金融中心的代名词。

华尔街从英文字面上来理解就是“墙街”的意思。这堵造就华尔街的墙，最早是从欧洲来到这里的荷兰人建造的，当时他们还曾把纽约叫做新阿姆斯特丹。1653年，一群荷兰移民忙忙碌碌地在纽约市曼哈顿岛接近南端的地方竖起了一排高12英尺的原木墙，目的就是保护自己免于遭受印第安人和英国人的袭击和骚扰。32年后，一群测量人员沿着这排木墙画下了建设街道的白线，并给这条还不存在的街道起了一个名字：华尔街。

图：美国华尔街

有了名字的华尔街也只不过是一条泥泞的小路，连接着罗斯福车道，中间穿过古老的三一教堂，延伸到纽约市中心。当时的纽约还是荷兰的殖民地，居住的都是荷兰移民。所以，从某种意义上来说，华尔街应该感谢荷兰人，因为正是荷兰人把他们特有的商业精神在那个时期留在了华尔街。纽约保持了荷兰人热爱商业、热爱挣钱的文化。今天在纽约工作和生活的人，还能体会到这种崇尚金钱的文化，商业化程度越高的城市往往对金钱越崇尚。荷兰强大了之后，他们就开始寻求扩张之路，在占据北美的同时，还把资本主义的商业精神一并带了过去。这种商业元素在北美迅速生根发芽，给北美地区注入了新鲜的血液，带来了新的发展契机。例如，现在为人们所熟知的股票操纵技术——卖空、对敲等都是荷兰人发明的。

由于市场交易混乱与竞争无序，1792 年，当时交易量最大的 24 位经纪商经过秘密协商，制定出了停止不当竞争，只在 24 人之间进行证券买卖交易，最低手续费为 0.25%，每日在梧桐树下聚会交易等正式协议，这就是著名的“梧桐树协议”。这成为美国最早的股票市场，也就是纽约证券交易所的前身。1817 年，这些经纪人通过一项正式章程，并定名为“纽约证券交易会”，至此一个集中的证券交易市场基本形成。1863 年，“纽约证券交易会”易名为“纽约证券交易所”。

专栏： **梧桐树协议**

1791 年，美国联邦政府助理财政部长威廉·杜尔投机案发生，许多纽约市民遭到财产损失。在此背景下，各家经纪商决定通过协商的方式制定公共管理条例，实现金融市场的自我规范，这样既可以平息公众的愤怒，同时又可以避免政府介入约束机制。

美国独立战争期间，大多树木用来生火，曼哈顿街道上树木贫乏，因而华尔街68 号院一棵尚存的梧桐树就格外引人注目，树荫下成了良好的集会场所。1792 年5 月17 日，24 位证券交易商在华尔街68 号门口的这棵梧桐树下签订了一个协定，史称“梧桐树协议”。他们商定，以后每周用几个上午在这棵树下聚会，规则有三条：第一，只与在梧桐树协议上签字的经纪人进行有价证券的交易，不准外人参加；第二，交易按规定收取佣金，不少于交易额的0.25%；第三，在交易中互惠互利。人们一般都将这个事件作为纽约股票交易所诞生的标志，而这三条规则也成为后来交易所的基本规则。当天按照这个规则进行交易的，是美利坚银行的股票。这家银行可以说是纽约证券交易所的第一家上市公司。

“梧桐树协议”在华尔街历史上的地位是不言而喻的。它让此前一直默默无闻的华尔街迈出了走向辉煌历史舞台的第一步。它类似于一个自律文件，规范着交易者的行为。保护着经纪人的利益。避免内部的恶意竞争。无论该协议是否真的是在这棵树下签订的。这棵在1792 年就已有几百年历史的巨大梧桐树，从此成为华尔街的标志，直到1865 年6 月14 日在一次暴风雨中被刮倒。但是“梧桐树”这一名称却被保留了下来。一直到今天,《经济学人》的权威金融专栏仍然被命名为“梧桐树专栏”。

19 世纪 20—30 年代，美国的工业化浪潮为证券业带来了新的发展机遇。这一时期发展水陆运输成为美国经济发展的中心环节。为了筹集道路、桥梁、运河等土木事业的资金，美国发行了联邦债券、州政府债券、民间事业债券、股票等，使证券市场的交易量大幅度增加，当时市场上最热门的股票就是伊利运河公司的股票。紧跟在运河热之后的交易热点是铁道股票热。Mohawk&Hudson 铁道公司是最初上市的铁道股票，其交易从 1830 年就开始了。之后铁道股票的上市持续增加，使得在交易所内进行的买卖交易更加活跃。这种情形一直持续直到 1837 年股价暴跌，其后 5 年左右华尔街一直是处在一种非常低迷的状态之下。

在 1842—1853 年期间，电报的发明与建设，加利福尼亚的黄金开采热（美国的西部大开发），对墨西哥战争等因素造成的景气高涨，再次唤醒了美国的经济活力，证券市场也开始逐渐地活跃了起来。其所交易的证券从以铁道股票为中心，逐步扩大到了包含银行股票、保险股票、运河股票等，股票数量与交易量都明显增加，证券交易中介商人也急剧地增加。1865 年，随着美国南北战争的结束，中断了的铁道建设再度开始继续，经济也开始达到了前所未有的发展。

20 世纪 20 年代，美国经济的高速发展刺激股票市场走强，美国进入“飞扬的二十年代”。1921 年 8 月到 1929 年 9 月，道琼斯指数上升了 468%。那时人们可以进行保证金交易，即可以用 10% 的保证金融资购买股票，而股市的繁荣极大地刺激了保证金交易的数量，到 1929 年 10 月初，经纪人贷款总额激增至 68 亿美元的顶峰，比 1928 年 1 月的 38 亿美元高出约 80%。

图：纽约证券交易所

1929 年 7 月，美联储将贴现利率从 5% 提高到 6%。与此同时，美国经济在 8 月达到顶峰后疲态初露，商品批发价格出现了下降，个人收入和工业产值开始停止增长。但市场对此视而不见，终于在经历了长达十多年的牛市后美国股市从 9 月 3 日的 386.1 点开始掉头向下，到 1929 年 10 月 29 日，美国历史上最大的股灾爆发了，单日下跌达 18.5%，美国股市由此进入了漫长的熊市。1932 年 6 月 30 日，道琼斯指数跌至 41 点。与股灾前相比，美国钢铁公司的股价由每股 262 美元跌至 21 美元，通用汽车公司从 92 美元跌至 7 美元。

在这场股灾中，数以千计的人跳楼自杀。20 世纪前期美国最负盛名的大经济学家欧文·费雪几天之中损失了几百万美元，顷刻间倾家荡产，从此负债累累，直到 1947 年在穷困潦倒中去世。这次股灾彻底打击了投资者的信心。人们闻股色变，投资心态长期不能恢复。股市暴跌后，投资者损失惨重，消费欲望大减，商品积压更为严重。同时，股市和银行出现危机，企业找不到融资渠道，生产不景气，反过来又加重了股市和银行的危机，国民经济雪上加霜。由于美国在世界经济中占据着重要地位，其经济危机又引发了遍及整个资本主义世界的大萧条：5,000 万人失业，无数人流离失所，上千亿美元的财富付诸东流，生产停滞，百业凋零。

纽约股市崩溃发生之后，美国参议院即对股市进行了调查，发现有严重的操纵、欺诈和内幕交易行为，1932 年银行倒闭风潮，又暴露出金融界的诸多问题。在痛定思痛、总结教训的基础上，从 1933 年开始，罗斯福政府对证券监管体制进行了根本性改革，建立了一套行之有效的以法律为基础的监管构架，重树了广大投资者对股市的信心，保证了证券市场此后数十年的平稳发展，并为世界上许多国家所仿效。这样，以 1929 年大股灾为契机，一个现代化的、科学的和有效监管的金融体系在美国宣告诞生。经历了大混乱和大崩溃之后，美国股市终于开始迈向理性、公正和透明。

此后，经过罗斯福新政和二次大战对经济的刺激，美国股市逐渐恢复元气，到 1954 年终于回到了股灾前的水平。其后美国经济持续发展，股市欣欣向荣，继续向上，走出了数轮持续十多年的超级大牛市。期间虽然经历了1973年石油危机、1987年股市崩盘、1998年全球金融危机、2000年网络泡沫破灭、“9·11恐怖袭击”、安然公司和世界通讯公司财务丑闻等事件等，但美国证券市场依然健康发展。近年来，随着金融创新产品的不断推出，投资人化解市场风险的能力大大提高；全球普遍的低利率带来了资金流动性大大增加；以及大规模金融资产涉足资产重组对市场产生很大的刺激作用，使证券市场的资金和吸引力不断增强，促进了美国证券市场的蓬勃发展，道琼斯指数在突破万点之后继续奋发向上，至今已突破一万五千点的关口。

专栏：　美国股市何以后来居上？

1776年，美国从英国的殖民统治中独立出来，从那时一直到1850年左右，其早期金融发展基本是复制英国和荷兰的金融模式，也就是侧重发展银行、保险和债券市场，同时也开始股票交易。从19世纪初开始，美国将英国工业革命初期中推出的新技术很快地学过来，更确切地说，先是把英国的纺织机械化技术学了过来。

最初，股市发展缓慢，1800年时美国共有335个股份有限公司，除了6个与生产制造有关之外，其他公司全都是桥梁、土木工程和水利工程公司（占245个）以及银行与保险公司（67个），股票投资者也很少。第一个现代纺织业公司是成立于1813年的“波士顿制造公司”，但该公司到1850年也不过有123位股东。因此，那时美国股市的发达程度也非常有限，与英国的证券市场类似，美国的证券市场也主要以政府公债和公司债为主。

英国金融是受海洋贸易而激发起来的，而以股市为特色的美国金融则是围绕科技创新而起来的。最初的起点是交通运输技术。19世纪20年代世界上开始出现蒸汽轮船，远洋运输从帆船改成汽轮，在运输技术上这是一个很大的进步。但是，人们发现蒸汽船再强大也没办法上陆地，这样一来，外贸以及国内贸易就基本上围绕着有水、有海的地方发生，这就是为什么美国经济最初是在东海岸崛起，比如，波士顿、纽约、华盛顿，原因就是这些城市挨着大西洋。

现代火车大约于1804年在英国发明，第一条实用火车线于1825年建于英国。火车的实用为当时的世界带来全新的希望，使最热的科技题目由海运转向铁路。人们发现，有了火车技术，只要在全国各地修遍铁路，经济发展就不再局限在沿海地区了，可以向内地很多地方扩张。在当时的人们看来，这显然是一个新时代的开端。我们现在都谈互联网技术可以改变世界，那个时候人们则认为火车可以改变世界。

在铁路技术概念的刺激下，19世纪中期大量美国铁路公司在新英格兰、芝加哥等地相继成立，大家认为应该修很多的铁路把美国各地都串通起来，每个人都觉得铁路是新时代到来的象征。所以，那时在纽约和波士顿掀起了购买铁路股票的热潮。于是，1860年后美国交易的多数是铁路公司股票。从另一个角度来讲，正因为当时这么多人非理性地对铁路股票狂热，才使美国的证券市场开始从过去的债券市场变成真正的股票市场。如果没有那一次股票热的冲击，美国的证券市场可能还要等很多年才能转变。再者，那次铁路股票泡沫把股价炒得很高，使不少铁路股票像今天的“百度”一样成为广泛关注的故事，不仅催生创业文化，而且为当时愿意冒险创业的人提供了非常便宜的资本。

接下来的新概念就是1875年由美国人贝尔发明的电话，随后贝尔创立“美国电报电话公司”（AT&T）的前身——“贝尔电话公司”，在美国推广电话的使用，AT&T于1891年上市，其股票很快被炒得火热。同一时期，另一位大发明家——爱迪生于1878年成立了“爱迪生电气照明公司”，并于次年发明电灯泡，随后发明发电机以及商业供电厂。他的公司在1892年与另一家电力公司合并成立了今天美国最大的“通用电气公司”（GE），该公司的股票于1902年在纽约上市交易。

19世纪末期，围绕着电话和电力技术的创新，人们的关注目标由原来的铁路转到电话与电力概念股上来。这期间，还有石油和钢铁股票也是股市炒作的热点。当然，除了这些令人激动的概念股推动着美国股票文化的快速发展之外，这里还不得不提到JP摩根，在他于1870—1905年间改变美国证券业之前，华尔街证券公司都规模很小，往往只由几位合伙人的资金组成，能销售的证券发行量很小。但是，JP摩根于1871年加入投行公司——Drexel，Morgan and Company之后，随即对各类大大小小的铁路公司进行整合，通过一系列并购把它们组合成几个实力较强的大公司。他的技能是如此的高超，1895年他把其就职的Drexel，Morgan and Company重组为他自己的公司——JP Morgan and Company。之后，他成功整合“通用电气公司”并把其股票推向股市。他最大成名作之一就是1905年左右，他找到足够多的资本将众多美国钢铁公司合并，成立“全美钢铁公司”，创造了美国历史上第一个10亿美元公司。

JP摩根把美国证券公司的销售能力和投行理念提高到新的层次，他的最大贡献就是把证券公司的业务从简单的证券经纪上升为包括行业、企业整合的策划与融资的全套服务，他创新了现代投资银行的理念。从这个意义上，JP摩根对美国股市文化在更广泛社会中的推动有着关键性的贡献。

1910年以后又出现了新的投机概念——汽车，例如，福特汽车就是此时期炒出来的。不幸的是，1910—1929年间的汽车股票泡沫最终以著名的1929年大股灾结束，接下来的经济危机使美国股市沉闷多年。到了20世纪80年代，才又出现了大家熟悉的电脑股票热，英特尔、微软等公司是这时期的代表作。到20世纪90年代则是互联网股票热，等等。过去150年里，美国股市几乎是一部连续不断的股市热潮史，这背后当然是一部部财富创造的故事，同时也一波一波地把美国股市推向成熟，使其定价和融资能力达到多方位的深化。

总之，当年英国盛世靠的是它的海外商业贸易，而美国盛世靠的是它的科技创新。这两种特色所需要的金融支持也不同：前者需要的是债务、银行和保险，而后者需要的是以股票为代表的风险资本。这就是为什么美国比当年的英国更需要一个活跃、发达的股票交易和股权融资市场。

七、中国股票市场的发展历程

中国证券市场从开始出现的第一天起，就站在中国经济改革和发展的前沿，推动了中国经济体制和社会资源配置方式的变革。而随着市场经济体制的逐步建立，对市场化资源配置的需求日益增加，证券市场在国民经济中发挥作用的范围和程度也日益提高。未来，中国证券市场的发展面临新的机遇和挑战，中国证券市场将基本完成从“新兴+转轨”向成熟市场的过渡，迈入全面发展的时期。一个更加公正、透明、高效的证券市场，将在中国经济构筑自主创新体系中发挥重要作用，成为中国和谐社会建设的重要力量。同时，一个更加开放和具有国际竞争力的中国证券市场，也将在国际金融体系中发挥应有的作用。

1978 年，中共十一届三中全会确立了改革开放的大政方针政策，由此开启了中国经济快速发展的新局面。在中国经济发展与快速增长的情况下，中国当代证券市场适应我国市场经济发展的需求应运而生。1981 年财政部首次发行国库券，揭开了新时期中国证券市场新发展的序幕。

专栏：　　　　疯狂的创业板

2009 年 10 月 30 日上午，首批 28 家创业板公司集中在深交所挂牌上市。开市后，28 家创业板公司疯狂上涨，全部涨幅超过 100%，安科生物涨幅超过 200%。这 28 家创业板公司的平均发行市盈率高达 57 倍，累计超募资金 83.2 亿元，超出上市公司原计划募集资金的一倍还多。创业板“造富”效应明显，仅以当日开盘价计算，已催生 86 名亿万富豪。

此后，高市盈率发行与财富新神话在创业板不断上演。

20 世纪 80 年代，随着国民经济发展对社会资金的巨大需求，国家开始了股份制改革试点工作，并率先在上海、深圳等地展开。改革开放后国内第一只股票——上海飞乐音响于1984年11月诞生。1986年9月26日，新中国第一家代理和转让股票的证券公司——中国工商银行上海信托投资公司静安证券业务部宣告营业，从此恢复了我国中断了30多年的证券交易业务，开始上海股票的柜台交易。1988年，深圳特区尝试对一些企业进行股份制改制，选择了5家企业作为股票发行上市的试点，其中包括一家由深圳几家农村信用社改组而成的股份制银行——深圳发展银行，由此产生了经人民银行批准公开发行上市的中国第一支股票。同年，深圳经济特区证券公司成立，开始了深圳股票的柜台交易。与此同时，全国各地也开始仿效上海和深圳进行股份制改革试点，并相继设立证券公司或交易部进行柜台交易，提供证券交易服务。

专栏：　　新中国第一家证券交易所开业

1990年12月19日，上海证券交易所在上海浦江饭店正式挂牌成立，时任上海市市长朱镕基敲响开业之锣。第一任总经理尉文渊向人民银行借来500万元筹建上交所，没料想却成为中国资本市场划时代的开端。当时上市交易的仅有30种国库券、债券和被称为"沪市老八股"的8只股票。这8只股票分别为延中实业、真空电子、飞乐音响、爱使股份、申华实业、飞乐股份、豫园商城和浙江凤凰。

图：上海证券交易所开业庆典

由于投资者对股票的需求旺盛，所以交易非常活跃。但是当时的交易很原始，极为不规范，没有交易记录，没有成交确认制度，没有过户交割机制，没有交易监控制度，没有信息披露制度等等，市场极为混乱，纠纷不断，于是尽快成立规范的证券交易所就迫在眉睫。1990 年，国务院批复上海浦东新区开发政策，同意在上海设立证券交易所。同年 11 月，上海证券交易所经国务院授权，人民银行批准，正式宣告成立。第二年，即 1991 年 4 月，深圳证券交易所得到批准正式成立。沪深交易所成立后，本地发行的股票开始进场交易，这就是所谓的上海“老八股”和深圳“老五股”。之后国内其他地方发行的公司股票开始陆续在沪、深两个证券交易所上市交易，国内证券交易开始逐步规范化。

专栏：　　邓小平视察南方讲话，为股市发展定调

1992 年 1 月 19 日开始，邓小平对深圳进行了为期 4 天的考察，在了解了深圳股市情况后，他指出：“有人说股票是资本主义的，我们在上海、深圳先试验了一下，结果证明是成功的。看来资本主义有些东西，社会主义制度也可以拿过来用，即使错了也不要紧嘛！错了关闭就是，以后再开，哪有百分之百正确的事情。”小平视察讲话一锤定音，为当时蹒跚迈步的股市定了调。从此，中国股市进入快速发展阶段。

图：发展才是硬道理

刚开始，上海交易所对股票的交易价格进行管制，将股票交易的涨跌幅严格限制在1%以内。1992年1月20日，邓小平南巡，肯定股票试点作用，造就了国内证券市场一轮大行情。由于股票供不应求，市场迅速上升，而股市的上升带来的“财富效应”进一步刺激了投资大众对股票的需求，于是国家开始加大股票供给，以发行股票认购证进行摇号抽签的形式发行新股，沪深股票市场规模开始迅速扩大。1992年5月21日，上海证券交易所全面放开股价，实行自由竞价交易，大盘开始快速上涨，沪深股市上涨超过200%。

专栏：　股票发行舞弊引发“8·10”事件

1992年8月6日，深圳对外公布将发售500万张共5亿元额度的新股认购抽签表，以保障股民能够最大限度地买到股票。从8日起，有超过120万的当地及全国各地的准股民在全市302个发售网点前排起长龙。到8月10日上午，抽签表全部售完，结果彻夜排队的投资者只有极少数人买到了抽签表，事后查实很多发行网点发生了舞弊行为。这天傍晚，数千名没有买到抽签表的股民在深圳市深南中路游行，打出反腐败和要求公正的标语，并对市政府和人民银行进行围攻。这就是震惊全国的“8·10”事件。“8·10”事件是投资者对中国股票发行制度的一次不满宣泄。直至今天，包括创业板在内的股票发行仍然高度行政管制，“公开、公平、公正”的市场化之路仍然任重道远。

1992年8月10日，是中国证券市场发展史上一个重要的日子。当时在“邓小平南巡讲话”的激励下，中国证券市场的合法地位正式确立，沪深股票市场走出了一轮气势磅礴的牛市行情，其中，深圳股市涨幅超过2倍，股票供不应求。为平抑股价，增加供给，8月7日深圳市宣布当年发行5亿股公众股，发售500万张抽签表，中签率为10%，每张抽签表可以购1,000股。但是当时市场极度热烈，对股票的需求量极其巨大，5亿股股票无疑是杯水车薪，于是出现了百万人争购抽签表的局面，并且引发了内部人营私舞弊、暗中套购认购表的行为，结果多数人因为没有买到中签表而到市政府示威，从而引发了震惊全国的“8·10 事件”。该事件的爆发使得国家管理高层极度震惊，引发了对社会稳定的担忧，并触发了公众投资者对证券市场存废问题的忧虑，导致沪深股市深幅狂泻，上海市场三天之内暴跌 400 余点。

专栏：《人民日报》社论引发股市暴跌

1996 年 12 月 16 日，《人民日报》发表特约评论员文章《正确认识当前股票市场》，以社论的方式对疯狂投机的股市行为予以打压。社论将股市的暴涨定性为“机构大户操纵市场、银行违规资金入市、证券机构违规透支、新闻媒介推波助澜、误导误信股民跟风”等。此文一出，股市暴跌，沪深股市大幅跳空低开，绝大部分股票收在跌停板。此事开启了“社论调控股市”的先河。1999 年 6 月 15 日，《人民日报》再次发表特约评论员文章，重复股市是恢复性上涨，对当年的牛市起到了推波助澜的作用。此后，这种方式被多次运用，但效应已经逐渐递减。

“327 国债事件”是中国证券市场又一个重要的历史事件。1993 年，为抑制经济过热和通货膨胀，国家开始进行宏观调控，沪深股票市场开始反复走低，投资者关注的重点开始转移到国债期货市场。国债期货市场是上海证券交易所于 1992 年 12 月建立的，开始只允许部分券商进行自营买卖。1993 年 10 月 25 日，上海证券交易所向个人投资者开放了国债期货交易，国债期货交易日渐活跃。到了 1994 年秋天，国债期货发展的政策环境出现了重大变化，面对高达两位数的通货膨胀率，央行出台储蓄保值贴补政策，国债的固定利率也变成了浮动利率，国债期货的价格波动加大，全国各地投资者趋之若鹜，成交额明显放大，交易所国债期货清算保证金高达 140 亿元。与此同时，上交所管理层对经济与政策环境变化后的风险扩大缺乏足够的认识，没有做出相应的调整，终于在 1995 年 2 月发生了“327 国债期货事件”。

专栏： **“基金黑幕”**

2000年10月8日，《财经》杂志发表封面文章《基金黑幕——关于基金行为的研究报告解析》一文，通过跟踪1999年8月9日至2000年4月28日期间，国内10家基金公司管理的22只证券投资基金在上海证券市场上大宗股票交易的记录，得出基金有大量违规、违法操作的结论，从而引发市场大地震。

2000年10月16日，大成、长盛、华安、华夏、国泰、南方、博时、富国、鹏华、嘉实10家基金公司联合声明，指《基金黑幕》是恶意炒作，对文中“黑幕”、“欺骗”、“迷惑”、“误导”等字眼予以谴责。

在双方争执呈白热化态势时，时任中国证监会主席的周小川表态，欢迎新闻媒体对资本市场进行监督，并表示监管部门对于调查属实、确有证据的违规行为，一定会依法予以处理。之后，基金业监管进入一个新的阶段。

“327”是1992年发行的3年期国库券的代号，240亿元的327国债1995年6月到期，其9.5%的票面利息加上保值补贴率，每百元债券到期应兑付132元。但是，“327”国债的价格却一直在148元上下波动，因为市场认为与同期银行储蓄存款利率12.24%相比，“327”的回报太低，财政部可能到时会提高利率，以148元的面值兑付。1995年2月23日，财政部发布提高“327”国债利率的消息，多方趁此逼空。当时空方主力万国证券在148.5元的价格封盘失败后，在交易最后8分钟大量透支操作，用700万手价值1,400亿的空单，直接把价格打到147.5元收盘。“327国债”合约价格暴跌3.8元，当日开仓的空头全部爆仓。最终上交所宣布当日最后8分钟的交易无效。“327国债”事件之后，国债期货市场仍是动荡不安，5月17日，中国证监会暂停国债期货交易试点。

专栏： **“赌场论”与“推倒重来论”**

2001年年初，经济学家吴敬链在接受《经济半小时》采访时称，中国股市很像一个赌场，甚至还不如赌场，因为赌场里面也有规矩，比如，你不能看别人的牌。而中国的股市有些人可以看到别人的牌，可以作弊和操纵。这就是著名的“股市赌场论”。此外，中金公司的经济学家许小年因对股市严厉批判，被人扣上了要把股市“推倒重来”的帽子。由此，“赌场论”和“推倒重来论”被一些人视为导致后来中国股市长期低迷的舆论罪魁。2001年2月11日下午，厉以宁、董辅礽、萧灼基、吴晓求和韩志国5位经济学家在北京召开恳谈会，公开批判吴敬琏的股市言论，由此拉开了中国股市大讨论的序幕。

开展国债期货交易是我国进行金融衍生产品创新的一次重要的开拓性尝试，极大地提高了国债在投资者心中的地位，促进了我国国债市场的发展，改变了以往国债乏人问津的局面。虽然这次创新最终以失败而告终，但它作为我国开展金融衍生产品创新的第一次实验，为我们提供了重要的研究样本，为今后在开展金融衍生产品创新业务时如何进行风险控制提供了很好的借鉴作用。

专栏： **被600字戳穿的“蓝田神话”**

蓝田事件是中国证券市场的欺诈大案之一。蓝田股份1996年上市，5年间股本扩张了360%，业绩不凡。2001年12月，一位叫刘姝威的女教授以一篇600字的短文《应立即停止对蓝田股份发放贷款》揭开谜底，蓝田的贷款黑洞由此公布之众。2002年1月，因涉嫌提供虚假财务信息，蓝田股份董事长瞿保田等10名中高层管理人员被拘传、接受调查。2002年3月，公司股票被实行特别处理。2002年5月，因连续3年亏损，公司退市。

与此同时，在1994—1995年，国家采取各种政治、经济措施反通货膨胀并取得重要成果。到1995年下半年，物价逐步稳定并慢慢回落至正常水平。市场开始预期宏观调控将要结束，央行将采取降息等措施以刺激经济发展，于是在1996年第二季度沪深证券市场开始恢复性上涨。到12月中旬，在9个月的时间内沪深股市累计上涨300%以上，涨幅惊人。由于担心股市过快上涨冲击实体经济、危害社会安全与稳定，12月14日《人民日报》发表题为《正确认识当前股票市场》的特约评论员文章批评股市存在的严重过度投机，同时沪深交易所开始实行涨跌幅限制，导致沪深股市暴跌，部分投机者损失惨重。其后，股票开始一轮又一轮冲高与回落，周而复始。

专栏：　　“南方证券”等21家券商倒闭

2006年8月16日，负债高达228亿元人民币的南方证券资不抵债，正式破产。由此，持续5年的券商清理整顿告一段落。伴随五年熊市，曾经在股市上纵横驰骋的大鹏证券，以及闽发证券、汉唐证券等21家券商都先后退出了证券舞台，这意味着以“坐庄”为主要盈利模式的一个时代的终结。

这21家券商倒闭的原因，无非是千方百计地套取资金，如向社会集资、挪用股民账户上的保证金、假委托理财延揽资金、违规国债回购套资金等，然后利用资金优势肆无忌惮地操纵股票价格，结果被严重套牢，导致资金链断裂，被迫走上倒闭或被接管之路。之后，券商不再是股市主力，基金等新的机构开始登场。

2001年6月14日，国务院出台减持国有股筹集社会保障资金管理办法，引发了投资者对股票市场股权分置等内在结构性缺陷的担忧，由此引发股市下跌，结束了长达5年的牛市。在其后的4年中沪深股市进入漫漫熊途，受企业经营业绩下滑、大股东或实际控制人占款甚至侵害上市公司利益、股权分置等众多不利因素的影响，上证指数一度击穿1,000点的整数关口，一些公司的股票价格大幅下降到不到前期高点的十分之一，证券市场极为萧条，投资融资功能遭受了极大的破坏。一些投资者信心遭受严重打击，投资者甚至喊出了“远离毒品、远离股市”的口号，证券市场投融资等基本功能几乎丧失殆尽。

专栏：　　　　中科创业案揭开“庄家”内幕

中科创业案是中国首例典型的操纵股票交易价格案。2001年年初，著名的K先生、中科创业股票的庄家吕梁借助媒体自曝操纵中科创业股票的内幕。后经检查机关查实，此案违规资金数高达54亿元人民币，除了7个被指控的犯罪嫌疑人之外，波及全国20余个省、自治区、直辖市，100多个出资单位、个人，包括120家证券营业部。筹集巨资后，庄家开了1,500个股东账户，以不转移所有权方式进行自我买卖，并通过发布上市公司虚假信息，来操纵证券交易价格。案发后，吕梁的首席操盘手丁福根被批捕，而该案两主犯吕梁、朱焕良至今都未归案，不知所踪。

在这种情况下，为促进证券市场的健康发展，国务院发布了《关于推进资本市场改革开放和稳定发展的若干意见》，大力发展资本市场。2005年5月，在经过全面讨论和广泛认证之后，股权分置改革工作终于全面推出。三一重工、清华同方等纳入第一批股改试点范围。在股改对价、证监会加强上市公司监管提高清欠力度、贸易资本双顺差而导致的流动性过剩、人民币升值、上市公司业绩提升等一系列利好因素的影响下，中国证券市场开始步入新一轮牛市。截止2007年5月，沪深股市累计升幅达到300%以上，部分个股更是上升10倍以上。一些缺乏业绩支撑的股票在所谓整体上市、资产注入、重组等题材的刺激下，大幅上升，涨幅惊人。由于短期升幅过大，证券市场已经累积了不少风险，投资者应注意采取措施加以防范，不要盲目追涨杀跌，以免遭受经济损失。长期来看，由于我国是一个新兴市场，经济发展潜力巨大，因此，证券市场发展前景十分广阔。

专栏：　　　　　　　德隆事件

2004 年 4 月，中国最大民营企业“德隆帝国”轰然倒下，成为资本市场乃至中国经济史上的一个重要事件。1996—1997 年，实业起家的德隆相继入主新疆屯河、沈阳合金及湘火炬，并陆续在 3 只股票上建仓，开始疯狂操纵股票。其间，德隆还收购新疆金新信托，并进而控制多家金融机构，最多时德隆旗下拥有 177 家子公司和 19 家金融机构，被称为“股市第一强庄”。2004 年 4 月 14 日，德隆系股票湘火炬、合金投资和屯河股份首度全面跌停，德隆危机全面爆发。2004 年 8 月 26 日，新疆德隆、德隆国际、屯河集团被中国华融托管，旗下金融机构也相继被托管经营，其负责人唐万新锒铛入狱。

德隆事件，成为中国民营企业发展与金融机构经营的一个分岭。此后，民营企业被严格限制染指金融机构。

纵观国内外证券市场的发展历史，我们可以得出三点结论：第一，在证券市场的发展过程中，繁荣与危机总是相生相伴的，市场的暴涨和暴跌总是如影随形，既没有只涨不跌的市场，也没有只跌不涨的市场。第二，虽然存在许许多多的波折，但证券市场发展的总体趋势是健康向上的，“前途是光明的，道路是曲折的”，因此，长期来看，只有那些坚定持有具有长期投资价值的公司股票的投资者，才能获利成为市场最终的胜利者。第三，每一次的经济大发展与大繁荣，都会带来证券市场的大发展与大繁荣。美国飞扬的“二十年代”造就了 1920—1929 年的十年大牛市，从而也为 1929 年的市场崩溃埋下了祸根。二战之后世界经济的飞速发展创造了美国证券市场长达二十年的大牛市，也导致了 1973 年的石油危机与股市危机。目前，中国经济自改革开放以来经历了长达二十多年的快速增长，因此，我国证券市场走出 2007 年的大牛市也不足为奇。

专栏：　　　　　　中国股改"第一股"

2005年6月10日，湖南民营企业三一重工成功实施股改，开启了中国股权分置改革的"破冰首航"。2005年5月9日，股权分置改革试点工作正式启动。证监会圈定三一重工、金牛能源、紫江企业、清华同方4家试点企业。2005年5月24日，推出股改"第一方案"的三一重工又成为首家修改方案的企业，方案由之前的每10股送3股派8元现金修改为每10股送3.5股派8元现金，并主动提高减持门槛，作出增加两项重要减持条件的承诺。2005年6月10日下午，三一重工的股改方案最终获得93.44%的得票率高票通过，由此成为中国股权分置改革的"第一股"。此后，中国股市开始了一轮波澜壮阔的大牛市。

第三章
股票市场：泡沫、膨胀、破裂

泡沫和股票市场是一对双胞胎，凡是有股票市场的地方都记载着泡沫灾难。过度的泡沫会导致股灾，股灾又会使经济崩盘，股市历史周而复始地讲述着这样一个简单的故事。经济泡沫通常是指价格对价值的背离，股市泡沫也因此被认为是股票价格对其内在价值的背离。在日常生活中，我们会发现，谈及股市，街头巷尾的大爷、公交车司机，甚至经济学家都把泡沫当成股市的常见现象，把泡沫一词演绎得淋漓尽致。

一、股市与泡沫

众所周知，商品总有价格，而且这种价格波动总是围绕着产品的价值进行，一般会与生产产品时花费的成本维持一个合理区间，时而高于其价值，时而低于其价值，从长期来看，价格与价值相称。股市泡沫是经济泡沫中的一种，是股市的固有特性。股票在发行上市的过程中有发行价和上市价两段发泡过程。没有溢价，谁会发行股票？没有上市价，哪有股市和股民？两者皆是股票发行流通的固有属性，基本上体现了原始股东与股民都能接受的公允价值，这是股票净值发泡成股价的必然过程。可以说，没有股市泡沫就不会有股市，股市因泡沫而生。

图：股市“泡沫”漫画

但是，虽然股市泡沫是股市的一种市场属性，但是它常随股民对股票价值的过分奢望而扩大，特别在某种势力的鼓吹下常会急剧膨胀，引起股票价格与股票价值的严重背离，以致形成股灾。说直白点就是，这是一个由若干小泡沫构成的大的泡沫系统。如果其子集中的某一个小泡沫出现了异化现象，不加以扼制，任其变异，就会生成漏洞，其病毒传染似的连锁反应必然会通过各种方式传导到整个系统。它是贪婪与狡诈的结晶，股市常因它疯狂，也因它而毁灭。它与股票价格成正比，与股票价值成反比。它除了给股市带来一定的活跃性之外，大概只剩下破坏性了，是不得不防的。所以，要正视股市泡沫，分析股市泡沫，扬长避短，促使股市泡沫为股市的健康发展作贡献。投资者应努力提高识辨能力，监管层应提高监管水平，及时挑破过大的泡沫，防止股灾的发生。

专栏：投资与投机

对于投资和投机的理解，历来误解就多。有人认为长线持有是投资，而快速换手就沦为投机。但是瞅准机会进行“短线投资”和被套牢后被迫的“长线投机”，在实战中却又比比皆是；也有人认为低位买入是投资，高位买入则算投机；还有的认为资产组合是投资，资产集中是投机；还有人认为投资是一种成功的投机，而投机是一种不成功的投资。且看投资大师们在这一问题上的回答：

任何市场同时都存在三种价格趋势：短期趋势，它可能持续数天至数个星期；中期趋势，它可能持续数个星期至数个月；长期趋势，它可能持续数个月至数年。在市场中，也就存在三种基本类型的参与者：交易者、投机者与投资者。

交易者的活动主要集中于盘中交易或短期趋势上。他们买卖股票、债券、商品或任何交易工具，时间框架都在数分钟至数星期之内；投机者专注于中期趋势，他们建立市场头寸，并持有大约数个星期至数个月时间；投资者主要考虑长期趋势，持有头寸可以长达数年之久。

——“华尔街终结者”维克托·斯波朗迪

投机者是评判未来并在未来情形出现之前即采取行动的人。要成为这样的成功投机者，有三件事必不可少：第一，你必须获得关于某个形势或某个问题的事实；第二，你必须就这些事实所预兆的前景形成判断；第三，你必须及时行动——免得为时已晚，再行动已于事无益。

——“投机大师”巴鲁克

投资是指根据详尽的分析，使本金安全和满意回报更有保证的操作，不符合这一标准的操作就是投机。投资有以下几个要素：1. 详尽的分析；2. 尽可能情况使本金免遭损失；3. 满意的回报，即指富有常理的（或有限风险容忍度的）投资者所能接受的回报。短期来看，股市就是一台投票机，但是，从长远看，它是一个称重机。

——价值投资之父本杰明·格雷厄姆

所谓投资，是对投资对象在其整个生命周期所能带来的收益的测算活动，假设它的现有运作状况将永久存续下去的话；而投机则是对市场的心理状态进行预测并期望它会使投资对象的评价基准朝着于己有利的方向偏移的一类活动。

——经济学家凯恩斯

对我来说，投机者就是高智商、有头脑的交易所投机手。他能正确预测经济、政治和社会发展的动力，并能设法从中赢利。怎么才能成为投机者呢？起先要有好奇心，接下来是为了获得乐趣，最后就是为了赚钱。有很多钱的人，能够投机；有很少钱的人，不可以投机；根本没有钱的人，必须投机。

——德国证券之父安德烈·科斯托拉尼

图：股市“泡沫”漫画

人们普遍认为泡沫大了就会破裂，并认为泡沫发展扩张的过程就是自身异化的过程，即破裂力量积累的过程。一旦扩张超过其极限，破裂就会发生。但是，在这个已经数字化的世界却没有人用数学语言为我们提供出这个极限的临界点。之所以不能提供这个极限的原因，大概是根据统计发现，泡沫破裂与泡沫大小没有百分之百的必然关系，尽管破裂了的泡沫总是在事后被一些人称为过大。实际上，可以和可能引发泡沫破裂的因素很多，除了我们熟知的实体经济突显的弊病和问题之外，还有政治与军事等许多因素。并且，就一国而言，还有国际输入性恐慌所引发的泡沫破裂，即使相对而言该国的泡沫并不大。这就是世界至今没有衡量出泡沫破裂临界的数量指标和泡沫规范标准的根本原因。

图：股市“泡沫”漫画

然而，从人类行为学的角度观察，可以发现，泡沫破裂的主要表征及其实质可以用“信心崩溃”四个字来表述，即各种社会因素所导致的投资者的信心丧失乃至信心崩溃。绝大部分投资者看不到希望，对明天、将来丧失信心，这时股市就会出现泡沫膨胀破裂的现象，股价直线下跌，乃至崩盘。这就是泡沫破裂的真相。

二、南海泡沫

南海泡沫事件是英国在1720年春天到秋天之间发生的一次经济泡沫，它与密西西比泡沫事件及郁金香狂热并称欧洲早期的三大经济泡沫。英国的“南海股市泡沫”几乎是与法国的“密西西比泡沫”同一时期发生的一次股票投机活动。南海公司的幕后操纵者通过运用阴谋诡计蓄意骗取广大投资者的巨额财富，吹起了一个硕大无比的股市泡沫，然后再将其击破，留给英国老百姓的只是一个关于财富的传说。

专栏：人类历史上第一次金融泡沫——郁金香泡沫

众所周知，郁金香是荷兰的国花。然而在历史上，荷兰国花竟给这个老牌的资本主义国家带来了一场经济灾难。

郁金香原产于小亚细亚。1593年，传入荷兰。17世纪前半期，由于郁金香被引种到欧洲的时间很短，数量非常有限，因此，价格极其昂贵。在崇尚浮华和奢侈的法国，很多达官显贵家里都摆有郁金香，作为观赏品和奢侈品向外人炫耀。1608年，就有法国人用价值3万法郎的珠宝去换取一只郁金香球茎。不过与荷兰比起来，这一切都显得微不足道。

图：郁金香

当郁金香开始在荷兰流传后，一些机敏的投机商就开始大量囤积郁金香球茎以待价格上涨。不久，在舆论的鼓吹之下，人们对郁金香表现出一种病态的倾慕和热忱，并开始竞相抢购郁金香球茎。1634年，炒买郁金香的热潮蔓延为荷兰的全民运动。当时1,000美元一朵的郁金香花根，不到一个月后就升值为2万美元。1636年，一株稀有品种的郁金香竟然达到了与一辆马车、几匹马等值的地步。面对如此暴利，所有的人都冲昏了头脑。他们变卖家产，只是为了购买一株郁金香。就在这一年，为了方便郁金香交易，人们干脆在阿姆斯特丹的证券交易所内开设了固定的交易市场。正如当时的一名历史学家所描述的："谁都相信，郁金香热将永远持续下去，世界各地的有钱人都会向荷兰发出订单，无论什么样的价格都会有人付账。在受到如此恩惠的荷兰，贫困将会一去不复返。无论是贵族、市民、农民，还是工匠、船夫、随从、伙计，甚至是扫烟囱的工人和旧衣服店里的老妇，都加入了郁金香的投机。无论处在哪个阶层，人们都将财产变换成现金，投资于这种花卉。"1637年，郁金香的价格已经涨到了骇人听闻的水平。与上一年相比，郁金香总涨幅高达5,900%！1637年2月，一株名为"永远的奥古斯都"的郁金香售价高达6,700荷兰盾，这笔钱足以买下阿姆斯特丹运河边的一幢豪宅，而当时荷兰人的平均年收入只有150荷兰盾。

就当人们沉浸在郁金香的狂热中时，一场大崩溃已经近在眼前。由于卖方突然大量抛售，公众开始陷入恐慌，导致郁金香市场在1637年2月4日突然崩溃。一夜之间，郁金香球茎的价格一泻千里。虽然荷兰政府发出紧急声明，认为郁金香球茎价格无理由下跌，劝告市民停止抛售，并试图以合同价格的10%来了结所有的合同，但这些努力毫无用处。一个星期后，郁金香的价格已平均下跌了90%，而那些普通的品种甚至不如一颗洋葱的售价。绝望之中，人们纷纷涌向法院，希望能够借助法律的力量挽回损失。但在1937年4月，荷兰政府决定终止所有合同，禁止投机式的郁金香交易，从而彻底击破了这次历史上空前的经济泡沫。

更为悲哀的是，郁金香事件不仅沉重打击了举世闻名的阿姆斯特丹交易所，更使荷兰经济陷入一片混乱。虽然此后郁金香继续在荷兰繁衍生息，但这个曾经繁荣一时的经济强国却开始走向衰落。从17世纪中叶开始，荷兰在欧洲的地位逐渐被海峡对岸的英国所取代，而"郁金香泡沫"则成为世界经济发展史上一个著名的名词。

17世纪末到18世纪初，英国正处于经济发展的兴盛时期。长期的经济繁荣使得私人资本不断聚集，社会储蓄不断膨胀，投机机会却相应不足，大量暂时闲置的资金有待寻找出路，而当时股票的发行量极少，拥有股票还是一种特权。1711年，牛津名人哈利·耶尔创建了一家公司，通过发行股票募集资金，投资海外，这就是南海公司。

图：伦敦利德街上的南海公司

南海公司在成立之初就有一个众所周知的企图，就是攫取蕴藏在南美东部海岸的巨大财富。那时，人人都知道秘鲁和墨西哥的地下埋藏着取之不尽、用之不竭的金银锭矿藏，只要能把英格兰的加工商送上海岸，数以万计的金砖银石马上就会源源不断地运回国内。这时，关于西班牙正要放弃智利和秘鲁海岸四个港口的说法也不胫而走，这就更加增强了人们的信心。于是，南海公司的股票在多年之内一直十分抢手。但是，西班牙从来就没有打算让英国利用西班牙在美洲的港口进行自由贸易。两国谈判的结果只是签订了一个贩奴合同，即西班牙给予英国向其殖民地运送奴隶的30年特权，但每年只能运送一次，并且限制了轮船吨位和货舱容积，还规定只能运往墨西哥、秘鲁和智利。

另外，西班牙还附加了一个非常苛刻的条件，即英国要向西班牙交纳25%的利润。其余75%的利润加征5%的税。这场谈判使得耶尔及其同僚大失所望。然而，公众对南海公司的信心却没有动摇，因为耶尔宣称，西班牙将允许英国在头一年增加两艘船运货物。他们还公布了一份夸大其词的清单，似乎是在宣布这些海岸的所有港口和码头都将向英国开放。但直到1717年，合同中规定的那艘船才开始首航。

而仅仅一年之后，这场贸易就因英国和西班牙断交而终止。结果南海公司仅被允许从事奴隶贩卖的交易，而且每年只准运送一船，利润还要和西班牙政府分成。因此，在将近10年的时间里，南海公司可谓业绩平平。

1717年，英国国王在议会会议上表示要采取适当的措施来减少国债。南海公司提出他们要以认购或其他方式将其资本存量从1,000万英镑增加到1,200万英镑。经过一番辩论，议会最终通过了南海法案，接受了南海公司的建议。这样，南海公司的名字就在公众面前频频出现，南海公司也被频繁炒作。虽然该公司与南美各国的贸易并没有增加什么收入，但是它却继续兴盛不衰，其股票仍然非常抢手。董事们被这样的成功所鼓舞。开始考虑扩大影响的新措施。于是，他们想到了约翰·劳策划的那场曾经使法国人眼花缭乱、头晕目眩的密西西比阴谋，他们决定要在英格兰玩一场同样的游戏。他们虽然预期到这项计划将以失败告终，但并不想因此而放弃它。他们自以为聪明过人，不会重蹈覆辙，而是能够无休止地把计划执行下去，并且把信贷这根绳子拉到张力最大的状态，但又不会扯断它。

图：南海泡沫

于是，不满足现状的南海公司在1720年1月向英国政府提出，它打算利用发行股票的方法来减缓国债的压力，愿意向英国政府支付750

万英镑来换取管理英国国债的特权。1720 年 1 月 22 日，下院成立了一个委员会，专门负责研究实施国王演讲中关于公共债务的旨意以及南海公司关于偿还债务的建议。当时的英格兰银行也向英国政府递交了相同的建议，南海公司担心这笔债务不会全部落到自己头上，因而在建议中要求在 1727 年仲夏以前维持 5% 的安全利率，此后安全利率降为 4%。但是，在下院里也有很多议员是英格兰银行的朋友，他们当然希望银行也能从中分享到一部分好处。于是，下院把南海公司的建议搁置了 5 天。在这 5 天里，英格兰银行也拟定了一份计划。南海公司担心英格兰银行会从政府那里获得更多的优惠，又对原计划做了一些修改，使它更容易接受。其中最主要的改动就是把原定 7 年的国债偿还期修改为 4 年。在这场拍卖中，英格兰银行决定不再出高价，而是重新考虑了自己的建议，又送上一份新的计划。

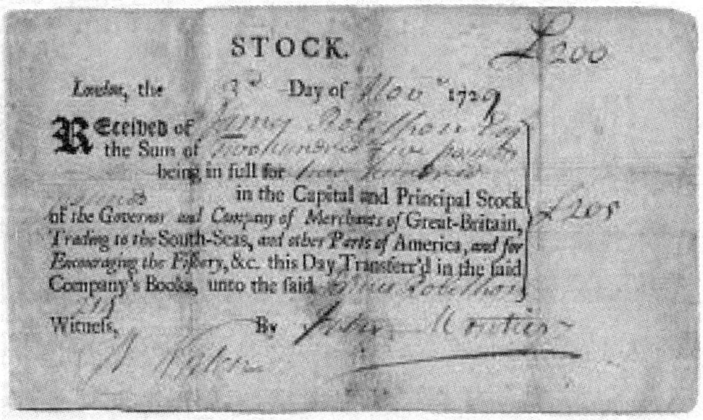
STOCK.

London, the ... Day of ... 172...

Received of ... the Sum of ... being in full for ... in the Capital and Principal Stock of the Governor and Company of Merchants of Great-Britain, Trading to the South-Seas, and other Parts of America, and for Encouraging the Fishery, &c. this Day Transferr'd in the said Company's Books, unto the said ...

Witness, By ...

图：南海公司发行的股票

这样，双方都提出了两个建议，下院开始辩论了。为了赢得这场竞争。南海公司向英国国会的主要议员和英国皇室支付了 120 万英镑的贿赂。于是，委员会非常高兴地接受了这项建议。下院全盘接受了南海公司的第二个建议，把其余建议作为议案。英国国会把管理非南海公司持有的 3,100 万英镑国债的特权判给了南海公司。其实，在 2 月英国国会刚刚开始辩论是否给予南海公司经营国债的法案的时候，南海公司就已散布谣言说英国国会很快就要通过他们公司的国债偿付计划。他们所做的一切，都是为了同一个目的，那就是让南海公司股票的价格飞速上涨。事实上，他们的目的达到了，其股票从每股120英镑猛然上涨到每股200英镑。随着下院讨论的进展，股价还在以惊人的速度继续攀升。当英国国会在3月21日通过了这项法案的时候，南海公司的股票一下子翻了一番，超过了每股300英镑。

但出人意料的是，国王批准议案之后，南海公司的股价却下跌了。4月7日的股价是310镑，次日跌至290镑。虽然公司的董事已经从这场阴谋中大获其利，但他们仍不甘心眼睁睁地看着股市就此回落。他们立即派出密使，四处游说。南海公司的主要负责人哈利·耶尔和他的伙伴都非常善于把握时机并散布谣言。4月初，他们不断给媒体透露各种各样几乎全部都是有利的消息。比如，哈利·耶尔发布了一个惊人的消息，南海公司在墨西哥和秘鲁发现了巨大的金银矿藏，只要把英格兰的加工厂送上海岸，数以亿计的金银就会源源不断地运回英国。于是，当人们听说西班牙政府已经同意南海公司在秘鲁开辟基地的消息后，社会公众对南海公司的发展前景充满信心。这个谣言促使股市迅速反弹。4月12日，也就是上院通过议案之后的第5天，董事会按照三比一的价格发行100万认购单，社会各界争相购买，使得首次认购总值就超过了200万原始股。认购单的发售按价格的1/5收取预付金，即按每100镑收取20镑预付金计。数日之内，股价就上升到340镑，认购单的价格也提高了一倍。

为了取得现金、融通债务、继续提高股价，董事会又在4月21日宣布，夏季中期的股息为10%，而且所有的认购单都将被授予相同的权利。这些决定使大炒家变得更加疯狂。接着，董事会又以400%的价格发行了第2个100万认购单，而且每股的股价为400英镑，认购者需要立即支付股价1/10的现金。着了魔似的人们纷纷卷入这场一浪高过一浪的投机，在几个小时之内，南海公司竟然在这个价格上卖掉150万份认购单。这两项举动给南海公司的股票投机打开了大门。人们期待着南海公司的股票再度出现飞涨的奇迹，纷纷抢购。南海公司很容易从这两次认购中筹集到了一大笔资金。它的第一笔支出就是向贵族、议员和政府官员们兑现已经许诺了的贿赂——大约200万英镑。

1720年4月下旬，南海公司承诺所有持有国债的人都可以把尚未兑换的国债年金转换为南海公司的股票。为了确定需要转换的股票数目，债券持有者可以在4月28日至5月19日向南海公司预约。当时，对于持有英国国债的人来说，与其按照国债的面值领取固定的年金，还不如转换成南海公司价格不断飞涨的股票。结果。有52%的短期年金和64%的长期年金转换成了南海公司的股票。

图：卷入南海泡沫中的股民

当时的人们，不分高低贵贱，男女老幼，都深深地卷进了这场泡沫之中。男人们在酒馆和咖啡馆里会见经纪人，女人们也聚集在服饰店和杂货店里大谈股经。他们虽然并不见得是真心相信那些被吹得天花乱坠的项目，但是却希望通过经纪人的一双妙手，趁机大捞一把。交易街上拥挤的人群是如此混乱不堪，以至于对于同一时间的同一种股票，在街两头的成交价格就能差10%。在南海泡沫膨胀的过程中，英国政府内很多身居高位的官员也深陷其中，甚至连国王也积极参与股票投机。大臣、议员和上层贵族当然也不甘落后，他们都渴望在这次投机狂潮中发一笔横财。在政府高官、议员和贵族们的积极参与和大肆鼓吹下，南海公司的股票价格再次上扬。

5月29日，股价升至500镑，而这时已有2/3的政府支薪人员购买了南海公司发行的国债。在5月份整整一个月里，股价一直在不断攀升，28日报价时曾高达550英镑，四天之后，又从550镑猛增至

890镑。此时，人们普遍认为股市不再继续升高了，于是许多人趁机卖出变现。正要陪同国王去汉诺威的许多贵族和随员也惴惴不安地卖出。到6月3日，街上已是卖家如云而买家甚寡，股价从890镑一下子跌到640镑。董事们惊呆了，急忙命令代理人买进。他们的努力成功了。到晚上，人们的信心又开始恢复，股价反弹至750镑。直到7月22日公司登记关门，一直保持平稳，波动甚小。到8月初报价时，价格最终上升了一倍，然后就开始了起伏不定的回落，泡沫开始破灭了。

许多政府支薪者对董事们表示不满，他们特别指责那种在每张认购单上都列出股份清单的做法。大家越来越明白麻烦远不止于此，他们开始把股票脱手。整个8月份，股市一直低迷不振；9月2日报价时，股价只有700镑。事态已经变得非常严重。为了防止公众陷入完全绝望的境地，董事会于9月8日在泰勒商贸大厅召集了一次公司全体会议。哈利·耶尔每逢这种场合总要口若悬河地发表一通议论。尽管哈利·耶尔的发言引起一阵嘘声，这些天花乱坠的溢美之词听起来简直就像对事实的无情嘲弄，但是大厅里的董事们、他的朋友们以及所有的赢家还是对哈利·耶尔的发言报以热烈的掌声和欢呼声。

图：股票泡沫

这次会议通过了几项提案，但是对公众的影响甚微。当天晚上，股价就跌到640镑，次日又跌到540镑。此后几天还是连续下跌，最后落在400镑。9月12日，在哈利·耶尔的再三呼吁下，南海公司的董事和英格兰银行的董事召开了几个联席会议。接着就传开一条信息，说英格兰银行已经同意向南海公司的证券斥资600万英镑，于是，股价反弹至670镑。但是到了下午，人们就获悉这条消息毫无根据，股价马上又回落到580镑，次日又落至570镑，遂后逐渐滑向400镑。

政府被事态的严重性震惊了：董事会成员为了免遭侮辱，连街都不敢上，警察随时都能捉到危险的暴徒。一封接一封的公文送到汉诺威的国王那里，请求他即刻起驾回宫。正在乡下的家中赋闲的沃普乐先生也接到指示，要他利用自己对英格兰银行董事会成员的影响力，去说服银行接受南海公司的建议，经营该公司的证券。

图：英格兰银行

虽然英格兰银行极不愿意和南海公司搅和在一起，但它仍极其勉强地接受了全部建议，全国上下都一致呼吁它挺身而出，解危扶困。9月22日，英格兰银行举行扩大会议，会上提出的一项提案未经辩论就获得通过：授权董事会同意发行南海公司的债券，但是他们必须就债券的总值、项目和时间作适当的考虑。为了支撑公共信贷，英格兰银行开设账户，以15%的订金、3%的保险费和5%的利息，发行300万债券。当天一大早，人们摩肩接踵，携款而至。这种情形使人们觉得好像当天即可完成此项认购工作，但不到中午，风潮就转向了。尽管采取了一切可以采取的措施，南海公司的股票还是迅速下跌。他们的债券早就没有什么信用可言，就连那些最有名的金匠和银行家，也因为大量贷出南海股份而无法开张运营，只好关起门来溜之大吉。看上去，灾难似乎也笼罩到银行的头上。上午，银行还在飞快地接受认购，可下午就不得不以更快的速度付出现金。9 月 29 日是假日，但银行并没有什么喘息的时间，他们对这场风暴感到厌烦透顶，可是他们往日的敌手南海公司都已经被打垮。他们的股价跌到了 150 镑，几次波动过后，又逐渐跌到 135 镑。

图：南海公司股票涨跌

当泡沫膨胀至极限，必然会胀裂。与法国密西西比泡沫的过程几乎一样，在南海公司股票的价格持续上涨的过程中，有越来越多的投机者开始意识到这个问题，特别是与南海公司有着良好关系和了解内幕的人都知道，这是一个人为操纵下的虚假幻象。于是，他们中的一些人开始抛售股票，以保住他们的利润。银行终于发现它无法恢复公众的信心，更不能阻止毁灭的潮头，它可不想和那些试图救市的人一起去承担死无葬身之地的风险，于是它想终止业已履行了一部分的协议。英格兰银行没有义务继续履行这项协议，因为所谓的银行合约只不过是一份协议草案，在一些重要的细节问题上，协议没作任何规定，对退出协议没任何惩罚条款。就这样，在 8 个月的时间里，由兴至盛，由盛转衰，它的根基就是一场骗局，一个幻觉，一派荒诞，一片惊骇。它的导演者的那套鬼把戏一旦被人们揭穿，它就轰然一声坍塌在地。

被骗取钱财的人们异常愤怒，人们举行公共集会，要求立法机关追究南海公司的欺骗责任。而此时英国议会的官员见南海公司大势已去，正所谓此一时彼一时，他们非常识时务地站在了支持大众的一边。为了平息民怨，英国政府强逼南海公司把部分债权出让给英格兰银行，并下令没收了南海公司总管和某些政府官员的家产，强令南海公司资产改组。南海公司股市泡沫终于在英国人民的一片喊骂声中彻底破灭了。一些靠大额贷款来投机的股票投机者因股票价格的一落千丈而纷纷破产，还有众多可怜的不知情的投资人，他们自认为手中握有的是优质资产，但是在一夜之间，就蒸发殆尽了。这其中还包括大名鼎鼎的科学家牛顿，他在南海泡沫中的损失超过了2万英镑。事后，他不无伤感地写道：“我能计算天体运行，但却无法计算人类的疯狂。”

“郁金香泡沫”、“密西西比泡沫”和“南海泡沫”，号称金融投资历史上的三大泡沫，在时间上虽与现代人相隔了数百年的距离，但并不因时光的久远而显得褪色，也不因国别的不同而妨碍读者的认知。那些在资本市场受到伤害的人，在21世纪同样存在。人们对于金钱的追求和对种种虚设目标的渴求似乎从未停止过。金融证券市场上，股票基金投机浪潮起起伏伏，永无休止，同时也牵动着千千万万投资者的心。而每天关注大盘走势、观察各大上市公司的财务报表、换算最佳的投资收益率等，更成了许许多多普通民众最热衷的副业或者消遣方式。

图：讽刺股民葬身南海的漫画

细究这些疯狂事件，我们可以发现隐藏在这些现象下面的真正原因：人性的贪婪才是最重要和最致命的。对金钱的贪婪是推动历史发展的重要力量。然而，当这股贪婪的力量不加遏制地疯长在人们的心中时，将有可能引发一轮又一轮的金融泡沫。如今，群体性的大众幻想依然不断出现，制造一个又一个话题，吸引着一群又一群人的参与。结果则是有悲有喜，过程同样有起有落，而参与者所怀抱的激情与梦想却依然如故，可谓千百年不变。

专栏：股市人物——彼得·林奇

彼得·林奇出生于1944年，1968年毕业于宾州大学沃顿商学院，取得MBA学位；1969年进入富达管理公司研究部成为研究人员，1977年成为麦哲伦基金的基金经理人。在1977—1990年彼得·林奇担任麦哲伦基金经理人职务的13年间，该基金的管理资产由2,000万美元成长至140亿美元，基金投资人超过100万人，成为富达的旗舰基金，基金的年平均复利报酬率达29.2%，并且是当时全球资产管理金额最大的基金，其投资绩效也名列第一。13年间的年平均复利报酬率达29%，目前他是富达公司的副主席，还是富达基金托管人董事会成员之一。

彼得·林奇每月走访40~50家公司，一年五六百家。即使少的时候，一年也至少走200家，阅读700份年报。他是最早调查海外公司的基金经理，比如，他发现沃尔沃的时候，连瑞典自己的分析师都没去过它的工厂，当时沃尔沃的股价是4元，每股现金也有4元了，当然属于严重被低估，后来为林奇赚了7,900万美元。

他每天6点15乘车去办公室，晚上7点15回家。一年行程10万英里，相当于一个工作日400英里。每天午餐都见一家公司。每天听200个经纪人的意见。他和他的助手每月要将2,000家公司检查一遍。在他退休之前，他只度过两个长假，其中的一个：去日本，用5天时间考察当地公司，在香港找到老婆，在中国玩了3天，然后去曼谷考察及观光，最后去英国，用3天时间调查。

在人们的眼中，他就是财富的化身，他说的话是所有股民的宝典，他手上的基金是有史以来最赚钱的，如果你在1977年投资100美元到该基金，在1990年取出，13年时间已变为2,739美元，增值26.39倍（注意，每年复合增长率为29%，1.29的13次方是

27.39，不是28,000美元，增值280倍），不过13年的时间。

这个“股票天使”就是彼得·林奇——历史上最伟大的投资人之一，《时代杂志》评他为首席基金经理。他对共同基金的贡献，就像是乔丹之于篮球，邓肯之于现代舞蹈。他不是人们日常认识中的那种脑满肠肥的商人，他把整个比赛提升到一个新的境界，他让投资变成了一种艺术，而且紧紧地抓住全国每个投资者和储蓄者的注意力。当然，他也在这场比赛中获得了极大的名誉和财富。

三、黑色星期一

20世纪50年代后期和整个20世纪60年代，是美国经济发展的“黄金时期”：经济持续稳定增长，通货膨胀率和失业率较低。1980年，里根当选美国总统。1982年美国经济出现复苏，通货膨胀率下降，美国以至整个西方经济进入了一个持续的增长期。美国股市经历了50年的牛市，股票市值从1980年的24,720亿美元上升至1986年的59,950亿美元。

在这段长达50年的股市繁荣下，隐藏了许多阴影。1973—1975年，以美元为中心的布雷顿森林体系瓦解，美国爆发了第二次世界大战以来最严重的一次经济危机。经济危机致使通货膨胀率上升，失业率走高。加之当时美、苏开展军备竞赛，大大削弱了美国的经济力量。使国际甚至是国内的市场占有份额不断下降，外贸赤字和预算赤字不断上升。1986年，美国财政赤字高达2,210亿美元，外贸赤字高达1,562亿美元，外债达2,636亿美元，美国已沦为世界上最大的债务国。为了吸引外来资金，以弥补国内资金的不足，美国保持着较高的利率水平。

在美国提高利率和美国经济持续增长的双重引导下，国际游资大量流入美国，促使股价大幅上升。道琼斯指数从1982年的776.92点上升到1986年的1,955.57点，1987年8月25日更是升至2,722.40点，相对于1982年的最低点上涨了2.5倍。整个西方国家的股市进入了前所未有的全面牛市之中。

专栏： **庞氏骗局**

庞氏骗局据记载是一种最古老、最常见的投资诈骗，它是以一个人的名字命名的，最初“发明”这种诈骗行为的是一个名叫查尔斯·庞齐的投机商人，他通过这种诈骗方式为自己赚钱，后来人就以他的名字来命名这种投机诈骗行为。

图：“庞氏骗局”鼻祖庞齐

19世纪末20世纪初，庞齐出生在一个意大利的家庭中，后来成为了一名意大利裔的投机商。在刚进入20世纪时，那是美国金融投资业发展的时期，庞齐移民来到美国，在这里开始寻找自己的梦想，但是现实总是残酷的，他一直没有多大的发展。于是他开始了自己的投资欺诈行为，在1919年他欺骗投资者向一个原本不存在的企业投资，并且向投资者许诺在3个月内他们将会得到40%的利润回报。

庞齐凭借“借新债还旧债”的骗术，把新投资者的钱作为快速盈利付给最初投资的人，来回兜转这些资本，给予他们高额的回报率，以诱使更多的人上当受骗，后人把这种欺诈方式称为“庞氏骗局”。面对高额的回报和利率，很少人会去追问他们投资赢利的方式，于是庞齐从中骗取了丰厚的资金，但是完善的骗局都有它的缺陷，很快庞齐的骗局暴露了出来，最后庞齐被判刑入狱，等他死时已经是身无分文。

1985年上半年，美国首次成为自1916年秋以来的净债务国，其经常项目的赤字高达621亿美元。1986年美国所欠外债累计达2,000亿美元以上，成为世界上最大的债务国。根据萨洛蒙投资公司的统计，美国政府、公司和私人在20世纪60年代平均债务总和约为美国国民生产总值的两倍。其1987年的财政年度预算赤字虽然比上一年度减少了600亿美元，但是仍高达1,480亿美元。

随着美国政府对金融市场管制的放松和对股票投资的减税刺激，巨额的国际游资涌入美国股票市场，促进了股价的持续高涨。自1982年起，股价走势持续上扬，交易量也迅速增加，1987年日交易量达到18,060万股。股市异常繁荣，其发展速度远远超过了实际经济的增长速度。金融交易的发展速度大大超过了世界贸易的发展速度。因为股市的高收益性，大量的国际游资及私人资本源源不断地流向股市，这些资金为追求短期利润而在股市上从事投机交易，造成股市的虚假繁荣。在1987年头9个月中，仅日本购买美国股票的新增投资就达150亿美元，股票价格已近崩溃。这些都意味着美国股市将经历一场大的调整。在程序中设定的机制加入抛售股票，从而形成恶性循环，令股价加速下挫，而下挫的股价又令程序更大量地抛售股票。也有人认为，股灾前的股市暴涨是由程序交易引起（上升原理相同，股价方向相反而已），因此，造成的股价过高现象导致股灾。

事实的确应验了。从1987年8月以后，纽约股市开始出现较大的波动，尤其是10月份的头两周，股票价格不断下降。10月5日至9日，道琼斯工业平均指数就下跌了158.78点，紧接着的一周又下跌了235.48点，其中，10月16日一天就下跌了100多点。人们已开始担心，1929年的灾难又即将来临了吗?

1987年10月19日，星期一，华尔街笼罩在阴云之中。在急促而沉闷的“当，当，当”的钟声中，纽约股票交易所开始了新的一天。开市伊始，一种不祥的预感就袭上了喧嚣的交易大厅内每个人的心头：道琼斯工业平均指数开盘就跌去67个点。转眼间，卖盘涌起。在蜂拥而至的滚滚抛盘的打压下，荧屏上尽数翻起绿盘（下跌），看不见半点红浪（上升）。交易所内一片恐慌，期货市场也处于一片混乱之中。从上午9点半直到11点钟，道琼斯工业平均指数不停下泻，没有人知道应该如何遏制继续恶化的局势。虽然也有人提议休市，但无人敢做决定。纽约股票交易所顾忌到华尔街在全球股市中“风向标”的作用，只得拼命坚持下去。

当芝加哥商业交易所的人士大量卖出指数期货时，纽约股市也大量抛盘，但是买家却极为匮乏。开盘第一个小时内，市场上很难找到买家，约占标准普尔500指数指标股30%的95只蓝筹股竟然尚未成交。而由于卖单大量堆积但买单不多，市场价格被迫一再下降以吸引买方。到10时30分，道琼斯工业平均指数30只指标股中有11只还没有开始交易。而在平时，通常开盘后不到5分钟的时间里，就会全部开始交易。由于许多只股票没有交易，当时道琼斯工业平均指数无法真实反映市场实际价格，整个市场处于无序状态。交易量不断被刷新，计算机交易系统速度减慢，道琼斯工业平均指数和标准普尔500指数的准确数字根本无从考证。

专栏：　金融巨骗——伯纳德·麦道夫

图：伯纳德·麦道夫

伯纳德·麦道夫是美国华尔街的传奇人物，曾任纳斯达克股票市场公司董事会主席。多年来，他一直是华尔街最炙手可热的“投资专家”之一。他以高额资金回报为诱饵，吸引大量投资者不断注资，以新获得的收入偿付之前的投资利息，形成资金流。这个骗局维持多年，直到2008年次贷危机爆发，他面临高达70亿美元资金赎回压力，无法再撑下去，才向两个儿子，也是其公司高管坦白其实自己“一无所有”，一切“只是一个巨大的谎言”。麦道夫的儿子当晚便告发了老爸，一场可能是美国历史上金额最大的欺诈案这才暴露在世人眼前。

在“麦式骗局”中，诸多知名机构被击中，有西班牙金融业巨头桑坦德银行，此次诈骗案中的风险敞口高达31亿美元，有法国巴黎银行、欧洲银行巨头汇丰银行、日本野村证券等等，然而麦道夫到底有什么超级魔法呢？

其实“麦式骗局”模式是抄袭典型的“庞氏骗局”，并不新鲜，即用高额回报引诱投资者，同时用后来的投资者资金偿付前期投资者。“庞氏骗局”这种模式一般只能维持两三年，而麦道夫竟然运用简单的骗局维持长达20年，数额高达500亿美元，愚弄了华尔街的诸多投资家，欺骗了一大批具有丰富专业经验的受害者，不得不让人“叹为观止”，聪明睿智的华尔街怎么就“熟视无睹”！

分析判断，不难看出，“麦式骗局”被光鲜夺目的外壳包裹着，华尔街所谓的投资专家也迷信这些鲜艳的外壳。

首先，麦道夫以善和行为和“白璧无瑕式”投资外壳包裹自己。信任他，你就会得到每月1%—2%的稳定回报。麦道夫本人追求完美无瑕的从业记录，致力于公平交易，并保有高尚的道德标准，这些都是华尔街熟知的麦道夫公司标志。

麦道夫为自己的骗局营造了极好的个人魅力光环。骗局揭穿之前，麦道夫口碑很好，喜欢捐助。在佛罗里达以及纽约的犹太社区里，麦道夫被很多人视为投资方面的“上帝”，称他的基金为“犹太人T－NOTES”，意指同财政部发的短期国债一样牢靠。

其次，用神秘投资技术产生的神秘感包裹自己。麦道夫吸引投资的苛刻条件是，如果你想投资于麦道夫，那么请你不要问他关于投资的任何问题。至于为什么在别人不赚钱的岁月里，他可以赚钱，麦道夫则用几个字简单做了解释：“内部消息”。很多精明无比的对冲基金管理者、专业投资人士，竟也被“内部消息”这几个字轻而易举地征服了。

在熠熠生辉的外壳下，很多的蛛丝马迹泄露出来，高傲的华尔街对之视而不见。

从运作上来看，利用不知名的会计事务所进行日常审计，负责麦道夫投资证券公司10多亿美元资产审计的会计事务所，居然只有3名员工：合伙人、秘书以及一名会计师。

违反隔离的控制原则。麦道夫投资证券公司的所有交易均为麦道夫一人独断，他管理资产，并同时汇报资产的情况，公司的资产管理和托管并未分开。

麦道夫对公司财务状况一直秘而不宣，而投资顾问业务的所有账目、文件都被麦道夫“锁在保险箱里”。

麦道夫宣称自己采取名为“分裂转换”的投资策略，这几乎没有人可以解释清楚究竟为何物。

“麦式骗局”映衬出华尔街监管的脆弱。麦道夫骗局的包装复杂，但投资操作简单明了，漏洞极易被识破，然而，这一长达20年、高达500亿美元的投资骗局却在麦道夫儿子履行了监管者的职责之后，才曝光于天下，这是对华尔街监管者的极大讽刺。

由于股市与期市的相互驱动，股价和期指跌落速度越来越快，交易量猛增。从11点半到11点50分，股市成交9,300万股，中午期指交易量相当于700万股，而股市是900万股。大机构在两个市场上大量进行交易，将这场灾难推向了顶点。纽约股票交易所计算机系统在这一天几乎陷入了瘫痪状态。纽约股票交易所共有200台微机，这套系统从未处理过如此巨大的交易。当股票交易数据涌进计算机时，计算机几乎无法处理。卖单蜂拥而至时，信息系统处理速度远远滞后。开盘后不到一个小时，由于抛盘数量太大，计算机竟比实际交易速度慢了20分钟；中午，计算机系统中的指定指令转换系统（DOT）比实时慢了大约75分钟。由于DOT相对于实时系统容量不足，传送到DOT系统的3.96亿股的交易竟有1.2亿股没有执行。

十三点零九分，一则可怕的消息传到华尔街股市。美国证券交易委员会主席大卫·路德在华盛顿发表讲话说：“在关键时刻，虽然我们不知道这一关键时刻会在什么时候，我将与股票交易所讨论暂时关闭交易所。”这则消息引起一阵恐慌。因为交易所一旦关闭，交易商将来不及抛掉手中的股票，他们的股票将一文不值，成千上万美元的股票将化为灰烬。于是，他们不得不迅速“倾销股票”。道琼斯工业平均指数像着了魔似地狂泻。到下午两点，已经下挫250点，股票换手4亿多股，计算机比实际交易速度落后了100分钟。在此期间，证券交易委员会的官员出面澄清：他们没有讨论有关关闭交易所的事情。然而，为时已晚，灾难已无法遏止。

十四点零五分，道指上升350点，成功冲过2,000点。但此次反弹仅延续了一瞬间的功夫，期指市场的反应基本相同。14点半左右，股价走势似乎有走好迹象，然后反弹受阻，新一轮下降趋势在此形成。此时，距收盘仅剩一个多小时，但就在这短暂而又漫长的一个多小时里，道琼斯工业平均指数在仿佛已经凝固了的空气中再度下挫250点，换手2亿股。直至16点整收市，这次跳水才被迫停止。

当天收盘时，道琼斯工业平均指数下降了508.32点，由2,246.79点狂跌到1,738.47点，跌幅达22.6%，创下了一天下跌幅度的最高纪录。而股市的其他指数如纽约证券交易所综合价格指数下跌19.2%，美国证券交易所综合指数下跌12.7%，纳斯达克综合指数下跌11.35%，相当于法国全年国民生产总值的面值为5,030亿美元的股票在一天之内化为乌有。

图：1987年10月19日，由于经济发展前景的不断恶化以及中东局势的不断紧张，华尔街出现崩溃，这就是所谓的“黑色星期一”

当天，在纽约股票交易所挂牌的1,600支股票中，只有52支股票上升，其余全部下跌。其中，1,192支股票跌到52个星期以来的最低水平，而且许多具有代表性的蓝筹股也在劫难逃。几乎所有大公司的股票均狂跌30%左右，如通用电气公司下跌33.1%，电报电话公司下跌29.5%，可口可乐公司下跌36.5%，西屋公司下跌45.8%，运通公司下跌38.8%，波音公司下跌29.9%。

这一天纽约股票交易所内阴云密布，气氛极度紧张，价格变动极快，电话机不够用，荧光屏上的价格跟不上市场的实际价格。一个交易员说他的荧光屏上显示道琼斯工业平均指数下降3.78点，而实际上这个数字是508点。平时一天的交易额为1亿股左右，而这天为6亿股。由于计算机系统运行滞后，约有28%的指令未能执行，其中包括9,200万限价指令。许多投资者，尤其是中小投资者，直到两三天后才知道他们的股票没有卖出。此外，受股票价格变化的影响，美国政府债券市场也是一片混乱。而新闻机构受到计算机滞后的影响，收盘5个半小时后才把股市的收盘价报道出去。

“一切都失去了控制”，《纽约时报》这样报道。这一天损失惨重的投资者不计其数，世界首富萨姆·沃尔顿一天之内股票价值损失21亿美元，世界上最年轻的亿万富翁比尔·盖茨损失39.45亿美元，电脑大王王安仅在19日下午就损失了3,100万美元。许多百万富翁一夜之间沦为贫民，最苦的是那些将自己多年积存的血汗钱投资于股票的投资者。受股价暴跌的震动，股民的心理变得极为脆弱。因股市暴跌而不堪于债务重压的许多人，精神彻底崩溃，自杀的消息不绝于耳。银行破产，工厂关门，企业大量裁员，人心惶惶。

信息技术的发展，使全世界的金融交易联系在一起。然而金融一体化的步伐加快也造成了一些负面影响。由于全球金融一体化的发展，当某个股市发生暴跌时，其他股票市场也难以幸免。

“黑色星期一”这一天，东京股票交易所的开盘锣声余音未尽，股票价格便直线下跌。日经225指数下跌了620点，跌幅为14.9%；中国香港恒生指数下跌421点，跌幅为11.3%，也创下了单日下跌最高纪录；新加坡海峡时报指数下跌 169 点，跌幅为 12.4%；澳大利亚所有普通股价格指数下跌 80 点，跌幅为 3.7%；英国 FTSE30 指数下跌 183.7 点，跌幅为 10.1%，英国 FTSE100 指数下跌 249.6 点，跌至 2,053.3 点，投资者的损失达 500 亿英镑。此外，巴黎、法兰克福、斯德哥尔摩、米兰、阿姆斯特丹等股市均有 6%～11% 不同程度的下跌，形成全世界范围内的股市冲击波。面对席卷全球的股市下跌狂潮，各地政府震惊之余，迅速采取一系列救市措施。中国香港股市当即停市 4 天，前西德宣布降低证券回购率，七国集团会商如何向金融系统提供流动资金。

1987 年 10 月 19 日晚上，美国总统里根立即召回在前西德访问的财政部长贝克和在外地的美联储主席格林斯潘，密切关注事态的发展，一起商讨对策。纽约股票交易所主席约翰·费兰声称，但愿这种情况不要继续下去；其他有关官员也纷纷发表讲话，稳定市场情绪。星期二早上，银行纷纷停止对专业经纪商和交易员提供信用，银行担心他们会破产而收不回贷款。而专业经纪商已没有足够的现金向交易所支付保证金以维持交易畅通。因为他们在星期一为了阻止股票下跌而买进了过量的股票。专业经纪商因此陷入了流动性困境，他们没有现金参与星期二的交易。他们面临的选择是，要么倒闭，要么求助于另外一家公司兼并他们。一旦专业经纪商倒闭，纽约股票交易所就会处于极其危险的境地，因为它会缺乏保证金清算交割正常进行的资金流转。

图：“崩盘”在报纸上变成了触目惊心的大标题

在这一关键的时刻，美国联邦储备委员会主席格林斯潘发表了具有历史意义的讲话：“为履行作为中央银行的职责，联邦储备系统为支持经济和金融体系正常运作，今天重申将保证金融体系的流动性。”这句话实际上是支持银行为股票交易商继续发放贷款，因为联邦储备委员会表明立即向银行系统注入资金已备必需。两家主要的商业银行马上宣布降低优惠利率，纽约化学银行迅速增加4亿美元的证券贷款，银行家信托公司也表示在任何情况下都会保证客户的资金需要。联邦储备委员会的承诺使那些在交易所挂牌的上市公司略微恢复了信心。

里根总统和财政部长贝克分别表示，这次股市崩盘与美国健康的经济是不相称的，美国经济非常稳定。随后，美国的各大商业银行纷纷降低利率。采取这些措施之后，10月20日，股票指数上升了102.27点，10月21日比20日又回升了186.94点，但10月22日收盘价比21日下降了77.42点。

大崩盘发生的那一周内，约有650家公司公开宣布要在公开市场上回购本公司的股票。而在此之前，1987年1月1日至10月16日，只有350家公司宣布回购。其中大部分公司在“黑色星期一”那天继续维持回购行为。上市公司这种大规模的回购行为对股市产生了相当积极的作用。然而，在这次股市危机中，真正能够救市的却是一些名不见经传的小公司。10月20日（星期二），纽约股票市场刚开门不久，G. A. F买回700万美元，约合该公司21%的股票。

这一行动无疑给衰弱的华尔街注射了一支强心针，说明该公司的实际信用远远超过股票市场反映出的股票牌价。到中午，又有4家小公司相继回购流通在外的股票。12时10分，华尔街一家著名的经纪公司——梅里·林厅公司宣布回购500万美元的股票。接着美国几家大公司也相继效仿，福特、霍尼威尔公司等也采取了同样的行动。

上市公司这种大规模的回购行动对股市产生了相当积极的作用。当天中午12点30分到13点，道琼斯指数从1,717点回升到1,825点；到下午3点半，已上升到1,915点。这一天道指共上升了176点。

纽约股市暴跌，加剧了工人失业，极大地影响了投资和消费，进而影响并减少了国民收入。这次股票下跌，削弱了美国人的购买力，使消费有所下降，并直接影响到生产。在美国，直接从事股票投资的人占全国人口的25%，这部分人基本上分布在购买力最强的年龄层次。

股市的暴跌使原来依靠股票红利、股息和投资股票获取利润来安排生活的人深受打击。短短一年之内，美国的私人消费减少了大约500亿美元，使五年多来以股市为推动力，以消费为主导的美国经济出现了转折点。

专栏：　　股市人物——史玉柱

这两年股票市场震荡，一些投资者绞尽脑汁在A股上的收益却平平，甚至亏损严重，可也有投资者轻轻松松，却赚得钵满盆满，比如史玉柱。

史玉柱，1989年研究生毕业后，随即下海创业，在深圳研究开发电脑软件。1991年巨人高科技集团成立，注册资金1.19亿元，并频频受到半数以上中央政治局委员以上级别中央领导的造访。1995年被列为《福布斯》中国大陆富豪第8位，是当年惟一高科技起家的企业家。他也曾一夜之间负债2.5亿，之后东山再起，再次创业成为一个保健巨鳄、网游新锐，身家数百亿的企业家。2013年4月9日，巨人网络CEO史玉柱宣布，因个人原因辞去CEO一职。

2012年9月份，民生银行开启一轮声势浩大的上涨，截至2013年1月18日，民生银行A股盘中创5年以来新高8.85元，收报8.78元，较去年9月5日低点5.39元上涨超64%，而H股也报10.48港元，创5年新高，这令巨人网络董事长史玉柱笑逐颜开。

在2011—2012年间，史玉柱分别对民生银行A股和H股进行了增持，包含85次单笔交易，合计耗资约55亿元。而据民生银行的年涨幅、增持均价、当前收盘价等大致测算，史玉柱浮盈约31亿元。

如今志得意满的史玉柱，也曾有为这笔投资着急上火的时候。

由于此前史玉柱大量多次增持民生银行，他的一举一动备受市场关注。2012年9月时，民生银行一度创下5.39元的年内低点。面对股价大幅杀跌，史玉柱一度被嘲笑投资没眼光。为此史玉柱连发微博，称投资仍有不少盈利。而且“即使账面亏损，也不在乎。因为不关心三五年内的股价，更关心靠分红何时能收回投资”。

在民生银行上的投资获利丰厚，令史玉柱笑开了花，他不仅在微博上嘲笑“恶意做空民生的坏蛋，内裤输掉了!”，还传授起“炒股经”。

2013年史玉柱发布微博称，其实买股票没那么复杂。“认真研究：该公司未来盈利能否持续理想成长？眼前股价被低估没？只要同时满足这两条就买入，买完，该干吗就干吗去。看不懂的行业，我不买；15倍以上市盈率的，我不买。”

史玉柱的“炒股经”引得众多投资者共鸣，超过9,000人转发该条微博，一些网友称其为价值投资者，尊其是“中国的巴菲特”。

一些投资者则认为：“史玉柱的炒股心得有一定的道理，但绝非‘制胜法宝’。投资获胜首要前提是判断正确，其次要能够淡然承受股价波动，就像史玉柱所说的‘该干吗就干吗去’，但这两点对普通投资者而言知易行难。”

也有市场人士指出民生银行大涨过程中，史玉柱“名人效应”作用不可低估。据粗略统计，近两年史玉柱涉及民生银行的微博达30余条，史玉柱仅在新浪微博就拥有657万粉丝，1,000名粉丝各转发评论一次，就相当于在资本市场上进行一场“脑白金式”的广告。而史玉柱正是利用粉丝和话题效应，宣传民生银行，享受着散户追涨带来的真金白银。因此，有人认为“与其说史玉柱是价值投资者，倒不如说是散户的盲目崇拜和资金的推波助澜造就了假股神。”

四、美国新经济与IT泡沫

20世纪90年代，美国股市暴涨是由许多关键因素促成的，其中一个因素是贪婪战胜了恐惧。如果说投资者真的恐惧什么的话，那一定是恐惧自己错失了在股票市场获利的良机。持续如此长时间的股市飙升是在美国金融史上的任何时期都无法比拟的。先前也出现过股市的繁荣，特别是在20世纪60年代的黄金时代，遑论大危机前的1928—1929年，但繁荣时间没有一次堪比20世纪90年代末。然而，20世纪90年代股市的繁荣超越了繁荣本身，它更像是泡沫，或者说对股市获利的陶醉——最终难免破裂。

（一）新经济推动美国经济高速增长

20世纪90年代以来，美国经济出现了第二次世界大战后罕见的持续高速增长。在信息技术部门的带领下，自1991年4月份以来，美国的经济增长幅度达到了4%，而失业率却从6%降到了4%，通货膨胀率也在不断下降。如果食品和能源不计在内的话，美国1999年的消费品通货膨胀率只有1.9%，增幅为34年来的最小值。在本轮IT经济泡沫破灭之前，有人根据当时的某些数据，预测美国经济已进入具有“三高两低”（高经济增长率、高劳动生产率、高企业效益、低失业率、低通货膨胀率）特征的“新经济”时代。美国《商业周刊》1996年底的一篇文章认为，美国这种“新经济”的主要动力是信息技术革命和经济全球化浪潮。

美国再次进入繁荣时期。在美国不断完善的资本市场推动下，以硅谷为代表的高科技产业悄然兴起。从那时起，美国的计算机、半导体、生物技术、网络等高科技产业相继涌现，并迅速在全球确立了领先优势，这些都促使美国经济实现了产业升级。美国进入了以信息产业为先导的新经济时代，其高科技产业的优势进一步扩大，特别在一些附加值很高的尖端科技行业占有垄断地位。从1995年起，投资者从网景、亚马逊、美国在线等公司极为成功的上市中受到鼓舞，相信了“投资网络产业一年抵得上投资传统产业100年”的神话，使网络概念股的股价在纳斯达克市场上一路攀升。

新经济给人们的工作和生活方式也带来转折性的变化。规模工业使美国发展起了匹兹堡、纽约、芝加哥等超大型城市。新经济的发展使企业、办公楼房以及住宅区向城外搬迁。在总就业中，大城市居住的劳动力比例在下降，而居住在中小城市，特别是依附于大城市的卫星城的劳动力比例增长迅速。以美国首都华盛顿为例，市郊通往机场走廊带的办公楼面积从1992年的700万平方米，到2000年8年间就增加到3,000万平方米。新经济使人们可以不像规模工业时期那样必须聚集在一起工作，计算机、信息网络等技术使人们可以远离大城市的拥挤、嘈杂，在郊区的家门口工作，在卫星城的购物中心附近生活、休闲。新经济不但加快了劳动生产率增长的速度，也提高了人们的生活质量。

图：信息网络技术改变了人们的工作和生活方式

在新经济专家看来，计算机信息技术给所有的传统工业带来的这些根本性的转变，完全可以与19世纪90年代的工业革命以及20世纪40年代的规模生产相媲美。目前，尽管美国的企业在高新技术方面的投资处于低潮，但新经济带来的企业结构重组、资本市场的高效和活力、新的企业家精神、全球化以及劳动力市场的多样化等新的经济规律和模式，已经植根于各个经济领域，其深远影响不可逆转，更何况信息技术为经济带来的这场变更，才处于初始阶段，雨后春笋般的新技术还在等待着人们的运用和普及。

知识经济以高科技产业为代表，高科技产业以计算机为主要工具，而通信网络则成为新经济的“基础设施”。美国股市成为孕育高科技和网络产业的温床。道琼斯股票指数在1987年“黑色星期五”以后，从3000点直冲14,000点，主要归因于网络股暴涨带动。股票总指数从1998年1月2日的7,965点冲到1999年11月9日的10,617点，上升33%；同期纳斯达克指数从1,500点上升到3,000点，上升100%；亚马逊公司的股价从4.64美元上升到72美元，上升1,450%；美国在线的股价从11.13美元上升到146美元；雅虎的股价从16.09美元上升到197.16美元，到1999年底竟然上升到397美元。

据美国商务部的统计，1992年，美国企业用于信息处理设备和软件的投资为1,975亿美元，2000年的投资达到4,469亿美元，增加了126%，同期其他设备投资也增加了97%。信息技术的广泛应用，特别是网络技术的商业化极大地提高了美国企业的劳动生产率和投资利润率，这反过来进一步推动了高新技术的投资热。从1993年到2000年，美国上市公司平均每股股票的盈利增长了1倍多。在高回报率的诱惑下，资金潮水般地涌向高新技术公司。

美国全国风险资本协会的统计显示，在1998年以前，美国每年的风险资本投资不过一二百亿美元，而1999年风险投资激增到594亿美元，2000年进一步增加到1,030亿美元。近几年，风险投资的2/3投向了网络业。在投资者的非理性追捧下，以网络公司为代表的高新技术公司的股票价格飙升。许多公司创造了股票上市第一天就上涨几倍的神话。雅虎公司的股票在1996年初上市时每股不过13美元，2000年股市泡沫破裂前曾达到每股250美元的天价。亚马逊公司的股票1997年公开上市，尽管公司还处于亏损状态，但到1998年年底，其股票价格已上涨了230倍。

专栏：　格林斯潘对纳斯达克股市泡沫的辩护

“如果没有什么听起来有道理的东西在里面，这些炒作是不能起作用的。不断增加的证据表明，无论是真正的商品、服务还是其他形式的东西，这个国家所分配的产品和服务中有很大一部分从传统的渠道转移到一些因特网系统中。这个潜在市场的规模是如此之大，以至于产生了对形形色色潜力的不可企及的希望，希望有大量不同的推进器。毫无疑问的是，一些自身股票的价格正在顶部的小公司将会成功。它们即便处于更高的价格位置，也会被证明是合理的。然而，大部分公司却几乎肯定会失败。这就是市场在这一点上起作用的趋势。”

换而言之，格林斯潘承认投资经理为了以上涨股票的利润来弥补下跌股票的损失而持有许多股票是合理的。而且，他强调了商业运作方式的基本转变——大幅度地降低了单位成本。因此，在“这些夸大”之下，有一些听起来合理的原理——至少对某些公司来说是这样。

图：格林斯潘

到20世纪90年代末，由高新技术投资热引发的美国股市泡沫日益膨胀，而人们对计算机“千年虫”的担忧导致的电脑升级热给已经滚烫的股市又浇了一桶油。1996年12月6日，格林斯潘发表了他著名的《非理性繁荣》的讲话。讲话中他对美国股票市场的价格高估发出了警告。但是，在接下来的3年里，股票市场依然一路高涨，只有在俄罗斯危机和长期资本管理基金事件（LTCM事件）中稍有下降。美国股市持续升温，到2000年初股市达到高峰时，道琼斯指数高达11,722.98点，纳斯达克指数飙升至5,048.62点。作为衡量纽约股市价格水平是否合理的主要指标之一，标准普尔500种股票的市盈率（股票价格/每股股票盈利）从1995年的15倍上升到了2000年的近30倍。

（二）IT泡沫破裂

美国1973—1994年的生产力对比1994年到现在的生产力，新信息科技的运用每年只带来了1%的生产力增长。一方面，新的信息科技没有带来突破性的生产力大跃进；另一方面，信息科技确实在改变人们的生活方面有着突破性发展，例如，在家工作，这在以前是不可能的事情。人们自然高估了信息科技对整体经济的冲击。很多人以为新的信息科技出现之后，全球经济会全面革新，办公室进入无纸状态，人们不用再出门购物等。人们以为，新的网络公司成立之后会很快地取代传统产业，于是投资人大举投资。

在错误估计形势下，投资人都抢着购买快要升值的科技网络股票和房地产股票。投资者的梦想随着股市泡沫的破裂而破灭，美国经济从2000年下半年开始急剧降温，持续两年多的股市崩溃使S&P 500指数从最高时的1,554点跌到2002年中期的800余点，而纳斯达克指数则从5,132点跌到2002年中期的不到1,300点，跌幅约75%。这让那些靠贷款炒股的股民深受重挫。大量的公司裁员也必然使更多个人破产。1980年美国有28.7万人破产，到2001年则有145万多人破产，创了新的纪录。公司大量裁员，失业率上升，各个行业的公司收入无法满足当年的非理性预期也成为一种必然。

美国进入2001年后连续3个季度负增长，这是第二次世界大战以来美国经济遭受的第10次衰退。造成这次衰退的原因是多方面的，但企业投资大幅下滑是直接诱因，高新技术投资泡沫破裂更是难辞其咎。美国企业用于信息技术处理设备和软件的投资于2000年第3季度达到高峰，此后一路下滑。同期企业对其他设备的投资下降了11.7%。经济学家们认为，当美国人从股市上赚到钱后，会从每个美元中拿出3～5美分用于消费，从而刺激经济增长，这就是所谓的股市“财富效应”。但在股市下滑时，财富缩水同样会带来“负效应”。从2000年3月到2002年9月底，美国家庭有8万亿美元的股票财富随着股市泡沫的破裂而被蒸发掉了，许多投资者血本无归，甚至连养老的退休储蓄全都搭了进去。

专栏：　股市泡沫为何破裂

与大多数经济泡沫一样，没有单独的原因导致股票价格缩水和交易缩减。正如有多种力量驱使美国股市膨胀，也有多种原因促使它收缩。意识到市盈率过高，同时债券收益颇具吸引力，导致某些投资者在股市转向之前“提早”改变了投资方向。然而，令人失望的利润加上模糊不清的经济环境以及公司治理的崩溃，使得许多投资者进入债券市场而“袖手旁观”。纳斯达克股票经历了更加严峻的考验，在20世纪90年代后期，因为过量和错误的投资而大幅缩水。这些不良投资并没有产生利润，更为糟糕的是，它们导致大量资本被注销。“9·11”恐怖袭击和后来的伊拉克战争使得经济更加充满了不确定性，衰退的深度和长度以及公司的盈利能力都无法预知。这些地缘政治事件只是让一个已经病危的美国经济问题更加严重，事实上，在“9·11”事件之前，美国经济就已经进入了衰退期。总的来说，对IT行业的不良投资和公司盈利能力的加速下降，引发了人们对风险认识的重大逆转，从而相当突然地抛售股票以证实较低的每股收益水平。

图：随着股市泡沫的破裂，大量高新技术公司破产

大量高新技术公司破产倒闭或缩减规模，使得成千上万的技术人员和工人失去了工作，生活水平急剧下降。加利福尼亚州政府统计，当年，光是硅谷就有 10 万人失去工作，失业率从 2000 年 12 月的 1.3% 上升到 2002 年 8 月的 7.6%，比全国平均失业率高出近两个百分点。为了糊口，许多信息技术高手不得不干起了帮人清扫房间、熨衣服、修剪花园等杂活。

（三）股市炒作的放大效应

以 IT 为代表的科技变革，极大地推动了生产力的发展。它以新的技术创造出新的产品和服务，满足了人们新的物质文化需求，开拓了新的市场，创造了新的财富。这一系统的“新”与工业化时代的“旧”之间无疑存在着很大差异。但是，IT 变革是在市场经济的范畴内发生的，由 IT 变革推动的新经济形态仍然是市场经济的产物。因此，市场经济的价值规律仍然发挥着基础性作用。作为市场经济体制中资本市场的主体，股票市场最明显、最突出地呈现出市场经济的特征。从长期和本质上看，经济是股市生存和发展的基础。股市为经济服务并反映经济的实际状况。但是，由于股市与经济不对称性的客观存在，股市的即期表现与企业实体的经济状况可能不同步、不成比例，甚至出现“股市与经济背离”的状况。本轮 IT 经济泡沫的情况正是如此。

如前所述，IT 变革推动的实体经济本身就具有波动性。但是，实体经济波动的幅度远小于股市波动的幅度。可以说，股市敏感察觉到经济变化的信号，将其强力放大，然后以更大的能量反馈回实体经济。实体经济的成长具有一定程度的理性可控性。股市涨落则更多地反映对上市企业收益的未来预期，而且这种预期具有“自我维持”的主观性质。

正是股市对经济的敏感、放大和反馈功能，为投机性的人为炒作留下了足够的空间。股市上只要有好题材，就会有人炒，而且有人信。IT 高科技特别是网络的概念很新颖、没有可比性，正是投机者炒作的最好题材。于是有人鼓吹“网络经济 3 年等于工业经济 70 年”，有人甚至说“互联网颠覆了一切经济规律”。在风险投资抢先注入的带动下，国内外资本在短期内涌入赢利模式尚不清楚的互联网领域，同时带动其他 IT 企业的股价急剧上涨。投机炒作使越来越多的人因上涨预期而入市抢购，而抢购又使股价进一步上涨并再次增强上涨预期。于是就形成了股价飙升的“大牛市”。

但是，资本追求增值的本性不可改变，过度膨胀的股市泡沫不可能长期维持。当互联网企业连续亏损的事实一旦形成强烈利空预期，离谱股价止升回跌，立即就会出现下行的反馈振荡，导致股市“崩盘”。“崩盘”以后股价下跌的速度和幅度同样放大了实体经济衰退的程度。直至在股市风暴中存活下来的网站公司扭亏为盈，其他 IT 企业的经营状况有了明显好转，高科技股市才再度活跃起来，多数 IT 企业恢复到泡沫膨胀前的股值水平。这一段大喜大悲的股市风潮，的确是经济规律对股市投资者的考验、奖惩和教育。

但是应该承认，风险投资的大规模进入和退出是本轮美国股市泡沫形成和破灭的重要因素。这是由风险投资的增值模式决定的。与产业资本重在扩大企业规模，追求赢利分红，实现资本长线增值不同，风险资本重在孵化有高成长性的创业型企业，通过包装上市，抬升股价后吐出股权，取得投资回报。从这个意义上看，风险投资确实孕育了更大的股市风险。但也应看到，风险投资得以生存，必然有其客观合理的需求。因为创业型企业，特别是高科技企业，在资本供给上最迫切需要的正是这种敢于冒险同时又具有孵化功能的投入。风险投资在资本市场上仍具有重要地位和积极作用。

专栏：　　　　来自电影《华尔街》的教训

我们不应该听信戈登·杰科在电影《华尔街》中的话——贪婪是不好的，贪婪是错误的，贪婪也不起作用。贪婪困住了我们的自我，使我们屈从于交易规则，改变我们之前设定的界限。贪婪使我们的欲望永远无法得到满足。贪婪使我们变得更加不理性和自私，当我们需要认真尊重事实时，我们恰恰没有这么做。贪婪使得我们偏好短期投资收益而非长期收益。我们变得极没有耐心，极为匆忙。本书赞同投资者在经济周期的不同时间采取不同的策略，同时合理调整资产组合，并且保持足够的耐心。我们没有必要买入并且永远持有，只需要在合适的时机及时转换资产类别。

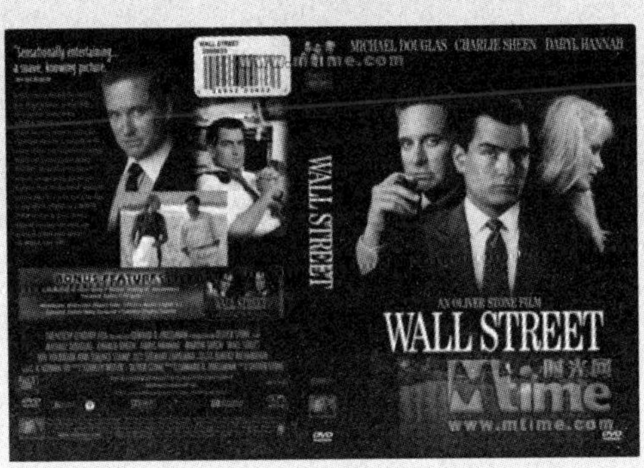

图：电影《华尔街》

（四）偶然因素的重要作用

在本轮 IT 经济泡沫的涨落中，还有一些看似偶然的因素也起到了重要作用。一个因素是 20 世纪末的电脑“千年虫”问题。前面已经提到，在2000年到来之前，很多企业和机关、团体担心电脑“千年虫”捣乱，集中大量地更新信息设备和器材，形成短期市场高潮，给人以IT市场极其兴旺的假象。2000年后换机用户大量减少，市场必然严重下挫。电脑“千年虫”问题还影响到美国政府的宏观经济调控。为了防范电脑“千年虫”，联邦储备银行从1998年开始，通过买卖政府债券的方式，急剧扩张了美国的货币量。而美国货币量的增加，正是推动股价暴涨、尤其是IT股泡沫膨胀的内在动力。结果，“千年虫”危机没有发生，急剧膨胀的货币量却使美国走入通货膨胀。联邦储备银行意识到这一点，开始收缩货币量，于是引导美国股市暴跌，IT股首当其冲。所以，无论从市场需求的角度还是从宏观调控的角度来看，电脑“千年虫”问题都是引发IT经济泡沫的重要因素。

图：美国“9.11”事件

另一个关系IT经济泡沫走势的偶然因素是发生在2001年9月11日的恐怖袭击事件。“9.11”事件的发生，对IT经济泡沫破灭后正在下滑的美国经济，无疑是“雪上加霜”。因为对美国国家安全的担忧，既影响了投资者的信心，也压抑了国民的消费水平。“9.11”事件使美国股市乃至世界其他股票市场遭到重创。据估计，“9.11”事件对美国2001—2003年间的经济造成高达6,400亿美元的损失。偶然因素的作用，加速并凸显了经济规律不可抗拒的必然结局。

专栏：股市人物——索罗斯

乔治·索罗斯（George Soros，生于1930年8月12日），本名是索罗斯·捷尔吉（匈牙利语：Soros Gyijrgy），是匈牙利出生的美国籍犹太裔商人，著名的货币投机家、股票投资者、慈善家和政治行动主义分子。现在他是索罗斯基金管理公司和开放社会研究所主席，也是美国众议院外交事务委员会董事会前成员。乔治·索罗斯被称为“金融天才”，或“金融大鳄”，从1969年建立“量子基金”至2000年，他创下了令人难以置信的业绩，以平均每年35%的综合成长率令华尔街的同行们望尘莫及。

索罗斯1930年生于匈牙利的布达佩斯一个中上等级的犹太人家庭。乔治·索罗斯的父亲是一名律师，性格坚强，极其精明，他对幼时的索罗斯的影响是极其深远的。他不仅教会了索罗斯要自尊自重、坚强自信，而且向索罗斯灌输了“财富太多对人是一种负担”的观点。索罗斯在以后的生活中，不太重视积累财富，而是将亿万家财投入慈善事业，这不能不说是得益于其父亲的影响。

索罗斯1949年考入伦敦经济学院。获得国际金融的硕士学位以后，开始正式进军伦敦金融证券界。1971年，索罗斯与另一位投资奇才詹姆斯·罗杰斯合伙成立了“索罗斯基金”，正式开始了他传奇般的投资生涯。索罗斯的基金操作得十分出色。在“英格兰银行之役”中，他的举措逼迫英国财务大臣拉蒙特在一天之内两次宣布提高利率。1979年，索罗斯在纽约将“索罗斯基金”更名为“量子基金”，建立了他的第一个基金会——开放社会基金。索罗斯犹如华尔街上的一头金钱豹，行动极其敏捷，善于捕捉投资良机。一旦时机成熟，他将有备而战，反应神速。1992年，索罗斯抓住时机，成功地狙击英镑。这一石破天惊之举，使得惯于隐于幕后的他突然出现在世界公众面前，成为世界闻名的投资大师。

1997年3月，当泰国中央银行宣布国内九家财务公司和一家住房贷款公司存在资产质量不高以及流动资金不足的问题时，索罗斯认为千载难逢的时机已经来到。索罗斯及其他套利基金经理开始大量抛售泰铢，泰国外汇市场立刻波涛汹涌、动荡不安，泰铢一路下滑。1997年6月下旬，索罗斯筹集了更加庞大的资金，再次向泰铢发起了猛烈进攻。7月2日，由于泰国政府再也无力与索罗斯抗衡，不得已改变了维系13年之久的货币联系汇率制，实行浮动汇率制。泰铢更是狂跌不止，情势进一步蔓延到整个亚洲，酿成亚洲金融危机。泰国政府被国际投机家一下子卷走了40亿美元，许多泰国人的腰包也被掏了个精光。

索罗斯作为世界上的头号投资家是当之无愧的。从他进入国际金融领域至今，所取得的骄人业绩，几乎无人能比。虽然他也曾经历过痛苦的失败，但总能跨越失败，变得更加强大。他就像金融市场上的“常青树”，吸引着众多渴望成功的淘金者。不管是被称为金融奇才，还是被称为金融杀手，索罗斯的金融才能是公认的。富可敌国，这是对他金融才能的充分肯定。

五、安然公司破产丑闻

2001—2003年，美国资本市场出现了一系列财务丑闻，安然、环球电讯、世界通信、施乐等一批企业巨擘纷纷承认存在财务舞弊，在美国资本市场上引起轩然大波，一批大的上市公司遭投资者抛弃，宣布破产。这些企业的造假行为不仅欺骗了投资者，也使自己付出了沉重代价，同时，损害了资本市场的秩序，给美国经济造成了重大影响。

（一）安然公司的基本情况

安然公司成立于1985年，是由美国休斯敦天然气公司和北方内陆天然气公司合并而成，公司总部设在美国得克萨斯州的休斯敦，首任董事长兼首席执行官为肯尼斯·雷，他既是安然公司的主要创立者，也是安然公司创造神话并在后来导致危机的关键人物。安然公司在肯尼斯·雷的领导下，经历了四大步跨越，从名不见经传的一家普通天然气经销商，逐步发展成为世界上最大的天然气采购商和出售商，世界最大的电力交易商，世界领先的能源批发做市商，世界最大的电子商务交易平台，一步一个高潮，步步走向辉煌。

图：安然公司前董事长肯尼斯·雷被指控犯有11项罪行，最多可判175年

第一步，安然公司实现经营模式的转变，开创了新的天然气现货交易模式。安然公司成立之初，拥有37,000公里的州内及跨州天然气管道，主要从事天然气的采购和出售。当时，美国的天然气工业实行政府管制，给能源企业的发展带来了很大限制，安然公司在成立不久，凭借与政府高层良好的沟通关系，联合其他一些大能源公司游说政府放松对能源工业的管制，获得成功。随后，安然董事长肯尼斯·雷开始全面改革公司的经营方式，将公司拥有的天然气管道作为一个网络加以利用，在价格便宜的地方购买天然气，然后再输往需要它的地方，并以重金聘用了一些有魄力、有才气的经纪人，开创天然气现货市场新的经营模式，公司的运营成本大大降低，收入和利润迅速增加，经过几年的努力，到20世纪80年代末90年代初，逐步发展成为北美和欧洲最大的天然气公司。

第二步，安然公司成功地将公司核心业务由天然气转为动力和发电领域。由于天然气的成本低廉，安然公司决定用天然气作发电燃料，通过建立发电厂出售电力，比单纯经营天然气要赚钱得多，但这种做法是当时联邦政府所禁止的，安然公司运用与政府良好的关系，又一次游说政府并取得成功，为实现核心业务的转移奠定了基础。1994年1月，安然公司在得克萨斯州建造并经营自己的燃气发电厂，与当时的主流电厂——燃煤电厂展开竞争，由于其价格具有竞争力，而且污染少得多，很快建立起竞争优势。后来，其他能源公司也开展此类业务，安然公司又开拓新的经营领域，出售电厂和相关设备，并为客户提供设备整合管理咨询服务，短短几年时间，安然公司迅速发展成为美国最大的电力交易做市商。

第三步，引入天然气方面的衍生产品交易，创造出一种新型能源交易运营机制。1997年8月，安然公司首次宣布引入天然气方面的衍生产品交易，后来交易品种进一步扩大到煤炭、纸浆、纸张、塑料、金属和电信宽带等领域，安然公司逐步从电站和管道“运营商”变成“交易商”，在成为世界上最大的天然气经营商和最大的电力交易商的基础上，发展成为领先潮流的能源批发做市商。

第四步，进军电子商务，创建因特网交易平台。1999年11月，面对美国网络经济的繁荣，处处领先的安然公司不甘寂寞，创建了第一个基于互联网的全球商品交易平台——“安然在线”，提供从电和天然气现货到复杂的衍生品等1,500多种商品交易。不到一年时间，即发展成为年交易规模近2,000亿美元的全球最大的电子商务交易平台。

从1985年到2000年短短的15年中，安然公司创造了一个接一个的神话，每一次行动都被媒体津津乐道，每一个战略都成为商学院 MBA 教学的经典案例。它的发展犹如坐上了火箭，才十几年的时间，就与通用、埃克森、美孚、壳牌等百年老店平起平坐，成为一代商业巨擘。从 1990 年到 2000 年的 10 年间，安然公司的销售收入从 59 亿美元上升到了 1,008 亿美元，净利润从 2.02 亿美元上升到 9.79 亿美元，其股票成为众多证券评级机构的推荐对象和众多投资者的追捧对象。2000 年 8 月，安然股票攀升至历史最高水平，每股高达 90.56 美元，与此同时，评级媒体对安然公司也宠爱有加，2000 年，在美国《财富》杂志的“美国 500 强”大排队中位列第 7 名，在世界 500 强中位列第 16 位，并在《财富》杂志的调查中连续 6 年荣获“最具创新精神的公司”称号。

图：安然公司前首席执行官杰弗瑞·斯基林被判监禁 24 年

（二）安然帝国的倒塌

安然公司的成功，即使在美国这样敢于冒险、富有创新精神、奇迹频生的国家，也绝对称得上是个商业神话。它吸引了无数羡慕的眼光，也寄托了众多投资者发财的希望。然而，这一切是如此的短暂，当安然公司发表 2001 年第三季度亏损的财务报表后，安然帝国的崩塌就开始了。2001 年 10 月 16 日，安然公司公布第三季度的财务状况，宣布公司亏损总计达到 6.18 亿美元，从安然公司走向毁灭的整个事件来看，这次财务报表是整个事件的“导火索”。

2001 年 10 月 22 日，TheStreet.com 网站发表文章进一步披露出安然与另外两个关联企业 Marlin2 信托基金和 Osprey 信托基金的复杂交易，安然通过这两个基金举债 34 亿美元，但这些债务从未在安然季报和年报中披露。也就在这一天，美国证券交易委员会盯上了安然，要求安然公司主动提交某些交易的细节内容，并于 10 月 31 日开始对安然公司进行正式调查，至此，安然事件终于爆发。

专栏：《财富》杂志曾质疑安然公司

2001年3月5日，《财富》杂志发表了一篇题为《安然股价是否高估?》的文章，首次指出安然的财务有“黑箱”。该文指出，安然2000年股价上升了89%，收入翻倍，利润增长25%，18位跟踪安然公司的卖方分析师中有13位将其推荐为“强力买进”，其市盈率为竞争对手杜克能源公司的2.5倍，也是S&P500指数市盈率的2.5倍。《财富》质疑道：“为安然欢呼的人也不得不承认：没有人能搞得清安然的钱到底是怎么挣的！原因是安然历来以‘防范竞争对手’为由拒绝提供任何收入或利润细节，把这些细节以商业秘密名义保护起来。而其提供的财务数据又通常过于繁琐和混乱不清，连标准普尔公司负责财务分析的专业人员都无法弄清数据的来由。不管是极力推荐安然的卖方分析师，还是想证明安然不值得投资的买方分析师，都无法打开安然这只黑箱。”针对《财富》的质疑，安然财务总监法斯托反击道：“安然共有有关不同商品的1212本交易账本，我们不希望任何人知道这些账本上的任何东西，也不希望任何人知道我们在每个地方赚多少钱。”《财富》文章进而质疑：在安然的年报中，“资产与投资”项目的利润数总是一个谜。年报对该部门的注释是“在世界各地兴建发电厂项目，完工后投入运营，最终卖出获利；此部门也参加能源与通信企业的股权和债券买卖等业务”。该部门1999年第二季度的利润为3.25亿美元，2000年第二季度跌至5,500万美元。如此大的变化从何而来?《财富》相信，安然在通过“资产与投资”项目的资产出售金额来操纵其利润。这样，当任何季度的利润达不到华尔街分析师的预期时，安然总可以通过增减项目资产的出售来达到或超过预期的利润额。

在政府监管部门、媒体和市场的强大压力下，2001年11月8日，安然向美国证监会递交文件，承认做了假账：从1997年到2001年间共虚报利润5.86亿美元，并且未将巨额债务入账。

就在安然向美国证监会承认做假以后，又犯下了一次重大决策错误，同时遭受了一次收购失败的重大打击，最终导致崩塌。2001 年 11 月 8 日，安然在承认做假之际，预期美联储降息已近尾声，进一步降息的可能性不大，随着利率的逐步上升，美国国债价格将持续下降，于是安然放量卖出其持有的将在两到三年内到期的欧洲美元期货，欲通过杀跌国债，获取投机利润。同时，由于 2001 年以来国际能源价格下跌，安然还想利用欧洲美元期货合同交易与下跌的石油价格对冲，达到套期保值的目的。但出乎意料的是，从 11 月 12 日开始的两周内，美国国债收益率大幅度增长，与此同时，原油的价格一再下跌，安然在国债和原油市场上遭受双重损失。就在同一时间，安然找到一家大的能源公司，希望通过兼并来摆脱困境。这家能源公司叫迪诺基公司，总部也设在美国休斯敦，2000 年在《财富》世界 500 强排名中位列第 139 位，是安然的主要竞争对手。2001 年 11 月 9 日，安然与迪诺基公司达成协议，迪诺基公司以换股方式用 90 亿美元兼并安然公司，并承担 130 亿美元的债务。正在双方讨价还价时，由于市场传言和媒体压力，安然股价大跌，2001 年 11 月 19 日，迪诺基公司以安然公司存在严重财务问题为由，向监管机构递交了停止收购的申请。迪诺基公司停止收购的决定给了安然公司最后一击，安然公司失去了最后的救命稻草。

就在安然公司奄奄一息之际，证券评级公司雪上加霜，大幅调低对安然的评级。2001 年 11 月 28 日，标准普尔公司将安然的评级由 BBB - 调低至 B - ，即垃圾股，并将安然从标准普尔成分股指数中剔除。与此同时，穆迪投资服务公司也宣布将安然公司的评级由 Baa3 调低至 B2。其他一些评级公司也纷纷调低了对安然公司的评级。在接二连三的坏消息中，2001 年 11 月 30 日，安然股价跌至 0. 26 美元，市值由峰值时的 800 亿美元跌至 2 亿美元。2001 年 12 月 2 日，安然正式向破产法院申请破产保护，破产清单中所列的资产价值高达 498 亿美元，成为当时美国历史上最大的破产企业。

2002 年 1 月 15 日，纽约证券交易所正式宣布，由于安然公司股票交易价格在过去30个交易日中持续低于1美元，决定根据有关规定，将安然公司股票从道琼斯工业平均指数成分股中除名，并停止安然股票的相关交易，至此，安然这个曾经辉煌一时的能源巨人已完全崩塌。

安然事件严重影响了美国乃至全球股市。自安然事件发生以后，美国投资者信心受到严重影响，华尔街股市一再下跌，不断创出股市新低。据估计，自安然事件发生后的半年多时间，投资者在美国股市的投资资产缩水了2.5万亿美元，相当于美国GDP的1/4。美国股市的下滑影响了全球股市，欧洲各大股市及东京、香港、新加坡、澳大利亚等股市也大幅下跌。

专栏：　股市人物——吉姆·罗杰斯

1942年，吉姆·罗杰斯出生于亚拉巴马州一个偏僻的乡村，1964年从耶鲁大学毕业之后，赴英国牛津大学攻读经济学、哲学和政治管理学，之后在华尔街从事金融投资工作。吉姆·罗杰斯勤奋敬业的精神和独特的分析理念深得索罗斯赏识，索罗斯曾邀请罗杰斯合伙创办了量子基金。该基金在10年时间里盈利4,000%，而同期的标准普尔指数涨幅不到50%，罗杰斯因此声名显赫。他在学术研究和市场评论方面都卓有建树，巴菲特自称师从罗杰斯受益匪浅。他了解市场的方式也令人称奇，他骑着摩托车，历时两年，横跨六大洲，行程100,000英里。为什么要这样做？对于他个人而言，无论是官方自圆其说的吹捧，还是权威人士的一家之言，想要了解一个国家，都不如自己亲身体验更为真切。

罗杰斯曾在20世纪80年代驾驶摩托车在中国旅游，1990—1992年则驾驶电单车环游世界，在地球6大洲横越65,065里，并因此被列入吉尼斯世界纪录大全。由1999年1月1日至2002年2

月5日，他又创下另一项世界纪录，旅程经过116个国家，横越245,000公里，并与其未婚妻同行。旅程自冰岛开始，在2002年1月5日，他们返回纽约市的家。

2005年，罗杰斯首先唱多低迷数年的中国股市，当时并没有多少人在意他的牛市论，但市场走势正如罗杰斯所言。如今中国股市行情一路看涨，罗杰斯却又在告诫大家谨慎行事，以防泡沫，仍有很多人对此不解，不过喜欢独立思考的罗杰斯的观点大概永远是“曲高和寡”的。罗杰斯还曾是《时代》、《华盛顿邮报》、《纽约时报》、《巴龙》、《福布斯》、《财富》、《华尔街日报》、《金融时报》的长期撰稿人。

（三）安然公司是如何造假的？

安然公司通过政府放松能源管制获得了发展机会，通过大力发展金融衍生产品交易和电子商务使公司规模得以迅速扩大，然而，当美国经济陷入衰退时，能源价格下降，网络经济泡沫破裂，股市下跌，安然的能源业务和金融衍生产品交易及电子商务都受到重大影响。面对这种情况，安然面临重大抉择：是实话实说，承认公司面临困境，还是通过不正当手段，继续“维持高增长”，继续创造神话。在当时普遍浮躁的气氛中，安然选择了后者。安然采取的方式是：利用资本重组，形成庞大而复杂的企业组织，通过错综复杂的关联交易虚构利润，利用财务制度上的漏洞隐藏债务。这一切都经过精心策划，看上去似乎无懈可击，环环相扣，从法律上和财务准则上很难找出毛病，但一旦某一个环节出现问题，造假链条就会中断，问题就会彻底暴露。这里重点介绍一下安然复杂的企业结构和财务报告。

（1）安然复杂的企业结构。从20世纪90年代中期以后，安然通过资本重组，建立复杂的公司体系，其各类子公司和合伙公司数量超过3,000多个。这3,000多家企业形成错综复杂的关联链条，共同组成一个典型的“金字塔”式的关联企业集团。安然通过资本重组形成复杂关联链条的做法是，利用“金字塔”式多层控股链，来实现以最少的资金控制最多的公司的目标。安然通过建立关联企业大量融资，边融资边建立新的关联企业，这样关联企业越来越多，从事关联交易的空间越来越大，融资的杠杆效应越来越大，融资的数量也就越来越大。越是下层的关联企业离总公司的距离越远，其负债在总公司的财务报表上根本反映不出来。

(2) 安然控股子公司的组织形式。美国企业组织形式种类繁多，不同的组织形式税收负担是不一样的。由于安然控股的子公司非常多，公司之间的关联交易也非常多，为减轻税收负担，安然必须考虑其子公司的组织形式问题。美国普通公司需缴纳个人和公司双重所得税，但独资公司、合伙企业、有限责任公司无需缴纳双重所得税，只需股东缴纳个人所得税，由于独资企业和合伙企业法律要求非常严格，股份流动能力小，流通成本高，所以安然的控股公司最后选择了有限责任公司的形式。这里需要说明的是，美国的有限责任公司与中国不同，美国的有限责任公司满足一定的条件，可以不缴纳公司所得税。采取复杂的公司结构，在美国并不少见。问题是，安然复杂的公司结构中，安然公司的一些高级管理人员在下属的子公司中兼职，子公司之间的管理人员也相互兼职，这使得公司的关联交易与个人利益交织在一起，如安然公司的财务总监法斯托在好几个下属公司有兼职，从这些公司得到的好处达3,000多万美元。由于有了个人利益，作假的动机就会更加强烈。

(3) 安然的关联交易方式。安然的关联交易方式多样，十分复杂。最典型的主要有四种：一是大量使用股票提供担保来进行融资；二是以出卖资产的收入作为业务收入，虚构利润，而出卖资产多在关联企业中进行，价格明显高于市场正常价格；三是不断制造概念，使投资者相信公司已经进入高增长、高利润的领域（如宽带通信等）；四是很多交易是在关联企业中进行“对倒”，通过“对倒”创造交易量，创造利润。成也萧何，败也萧何。复杂的公司结构和关联交易造就了安然的辉煌，同时也埋下了安然崩塌的隐患。由于安然与关联企业签订了许多复杂的担保合同，这些合同常有关于公司信用评级、资产价值、安然股价的条款。这些合同及条款看似各异，但实际上相关性极高，一旦某项条款触发，其他合同及条款就会发生连锁反应。

（4）安然的财务报表的问题。安然在财务方面存在的问题主要体现在四个方面：第一，安然以复杂的财务结构掩盖存在的问题。为支持安然爆炸般的利润增长速度，与安然复杂的公司网络和关联交易一样，安然的管理层创造出一套非常复杂的财务结构，不仅一般投资者无法看懂，就连华尔街的分析师和会计学教授都难以解读。第二，在会计处理上，安然率先采用了一些技术，使公司能够记录尚未创造收入的长期合同的盈亏资料。第三，安然公司自定会计条目。为了降低其财务报表的负债额，安然通过所谓的“特殊目的实体”等方式，增加了不记入资产负债表的交易业务。第四，安然钻了美国通用会计准则的空子，在财务报表中不如实反映负债。

（四）安达信在安然事件中扮演了什么角色？

安达信公司成立于1913年，由美国芝加哥大学教授阿瑟·安达信先生创建，自成立以来，一直以其稳健诚信的形象被公认为同行业中的“最佳精英”。20世纪90年代以后，与普华永道、毕马威、安永、德勤一道成为全球最大的五大会计师事务所。从安然成立时起，安达信就开始担任安然公司的外部审计工作。20世纪90年代中期，安达信与安然签署了一项补充协议，安达信包揽了安然的内部审计工作。不仅如此，安然公司的咨询业务也全部由安达信负责。接着，由安达信的前合伙人主持安然公司财务部门的工作，安然公司的许多高级管理人员也有不少来自安达信。从此，安达信与安然公司结成牢不可破的关系。

在安然事件中，人们指责、质疑安达信始于2001年11月下旬，安然公司在强大的舆论压力下承认自1997年以来通过非法手段虚报利润达5.86亿美元，在与关联公司的内部交易中不断隐藏债务和损失，管理层从中非法获益。这一消息传出，立刻引起美国资本市场的巨大动荡，媒体和公众将讨伐的目光对准负责对安然公司提供审计和咨询服务的安达信公司。人们纷纷指责其没有尽到应有的职责，并对其独立性表示怀疑。

美国公众和媒体指责、怀疑安达信在安然事件中的不当做法主要有：(1) 安达信明知安然公司存在财务作假的情况而没有予以披露。安然公司长时间虚构盈利（从1997年到2001年虚构利润5.86亿美元），以及隐藏数亿美元的债务，作为十多年来一直为安然公司提供审计和咨询服务、在会计行业声誉卓著的安达信不可能不知道内情。(2) 安达信承接的安然公司的业务存在利益冲突。安然为了降低成本，安达信为了增加收入，安达信不仅接管了安然多家公司的会计工作，包括在1994—1998年受聘为安然内部审计师，并全面负责安然的咨询工作，同时，安达信又承担安然的审计工作，如2001年安然向安达信支付的费用达5,200万美元，其中2,500万是审计费用，2,700万是顾问费用，这种做法被指存在利益冲突。(3) 安然公司财务主管人员与安达信存在利害关系。安然公司数名掌管财务的高层来自安达信，如安然的会计主任加入公司前为安达信高级经理。安然的财务总监大学毕业后曾在安达信任审计经理。这种情况有损审计师的独立性。(4) 销毁文件，妨碍司法调查。安达信的一名合伙人在得知美国证监会将对安然公司展开调查后，下令销毁大量有关安然的文件和电子邮件，这种行为被指有违职业操守，并涉嫌妨碍司法调查。

经过长时间的调查，于2002年3月14日，美国司法部副部长汤普森向美国休斯敦联邦地区法院对安达信公司提出“妨碍司法”的犯罪指控，原因是安达信公司故意销毁大量的有关安然公司的文件。2002年10月16日，美国休斯敦联邦地区法院对安达信妨碍司法调查作出判决，罚款50万美元，并禁止其在5年内从事业务。这是安然公司去年底宣布破产后的第一起相关刑事判决，也是妨碍司法调查罪最严厉的处罚。安达信在过去20年中，有十几次涉嫌忽视、隐瞒客户的财务问题，不过每次都达成和解，但这次没能逃脱法律的制裁。据悉，安达信已就法院判决向美国第五巡回上诉法院提出上诉。在美国，上诉是一个漫长的过程，美国舆论普遍认为，无论上诉结果如何，都很难改变安达信解体的命运。实际上，安达信在陪审团作出决定后就宣布，从2002年8月31日起停止从事上市公司的审计业务，此后，2,000多家上市公司客户陆续离开安达信。同时，安达信关闭了全国各地绝大多数的办事处，员工人数也从2.8万人下降到目前的不足2,000人。

专栏：　　美国次贷危机

次贷危机，全称“次级抵押贷款危机”，又可以称为“次债危机”，是从2007年开始由美国次级抵押贷款市场动荡引发的一场股市风暴。其实，早在2006年时，次贷危机就在美国有了显现的苗头，之后愈演愈烈，致使全球的经济都受到了巨大的影响和冲击，不少国家的金融市场都有不同程度的流动性不足现象。直到2007年8月，这场令世人瞩目的巨大风暴席卷了以美国、欧盟和日本等为主的世界金融市场。

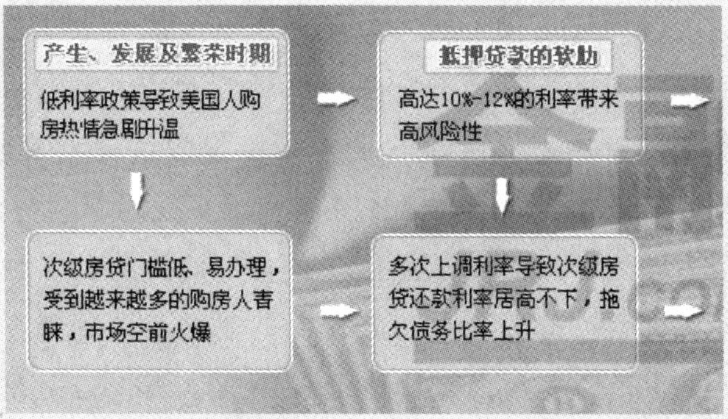

图：次贷危机成因示意图

从美国的生活方式和消费方式来看，次贷危机的爆发似乎是必然的。美国人的享乐主义造就了美国的消费方式，其主要消费方式就是贷款，从买房、买车，到购买常用物品，可以说，贷款无处不在。由于美国竞争压力巨大，贫富差距也较为明显，加上失业率的提升，这让那些没有稳定的收入甚至根本没有收入的人头疼不已。不论在哪个国家或地区，对于那些占大多数比例的可温可饱的人来说，买房成了生命中的一个大问题。要买房就只能靠贷款，但由于没有稳定收入，信用等级达不到标准，也没有还款能力证明，所以他们的贷款就被称为“次级贷款者”。

收获利益是要付出代价的，尤其是那些没有优势的人得到梦想的东西，就必须要付出比常人更多更大的代价。比如，那些次级贷款者，与那些信用等级达标的人相比，他们按揭贷款的利率要更高，还款方式相对来说也会更严格一些。一般情况下，次级贷款的还款方式是固定利率和浮动利率相结合的，也就是说，贷款者在购房的前几年以固定利率偿还贷款，接下来便以浮动利率偿还贷款。从情理上来讲，这是合乎规律的，毕竟金融机构也想赚钱，它们所抱的心理是“风险大，收益也大”。

然而，对于次级贷款者来说，利息的上升只会进一步使得他们的还款压力增大，从而导致部分人不得已而出现违约的可能，这会对金融机构收回贷款造成影响。为此，放出贷款的各个金融机构就又想出了一招，那就是将这些贷款以债券的行式发放，以便能够尽快地收回资金。当然，债券的利率也比优贷的债券利率要高一些。于是，只要这些债券一上市，就能够得到很多投资机构的青睐。

人是贪婪的动物，尤其是那些“富有”的大鳄们，他们并不满足于贷款者按时缴纳的贷款和利息，他们想方设法地想要从中得到更多的回报。于是，美国的房价就开始不断上涨，这是预谋家们的第一步。

接着，他们就会借着抬高的房价，对那些不能按期还款的次级贷款者实施下“下一步”，就是按照合同将他们所购的房子收回，如果房产业过热的话，再卖出去还是能赚得满堂彩。很多金融机构似乎都学会了这套快速谋取利益的“把戏”，在他们大把大把捞钱的同时，殊不知，危险已经逼近。

正是因为这些金融机构为了“一己之欲”，而有意纵容次贷的过度扩张，并不断地扩大债券规模，直接为危机的产生奠定了基础。

但是，一旦信贷环境改变，尤其当房价出现大幅下跌的情况时，金融机构即使将房子收回，也不能从中赚取利润，弥补放贷的损失，甚至很可能卖不出去。

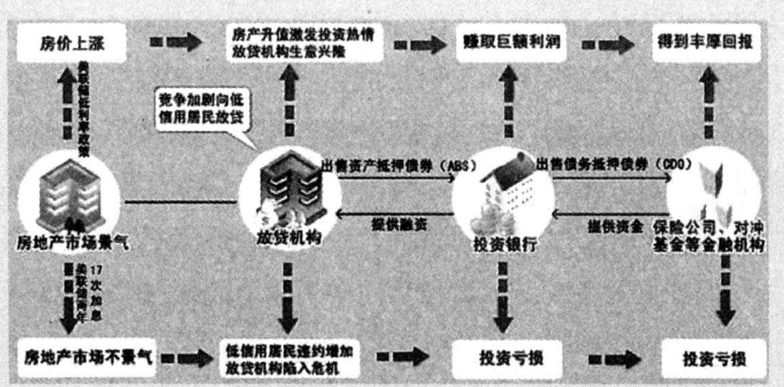

图：次贷危机路线图

从2001年开始，美国就在不断地调整利率，使信贷环境变得极为宽松，到2003年6月时，美国的联邦基金利率降低到1%，创下了近46年以来的新低水平。美国持续下调利率使得本国的经济大幅向前迈进，房地产市场也响应政府的政策，开始同期下调房贷利率，因此，美国房产也呈现了持续繁荣的景象。次贷市场因此逐渐火爆起来。从表面上来看，购房者的压力大大地减轻了，但实际上危机已经逼近。

2006年后，危机征兆开始显现，出乎所有人的意料，美国的楼市进入了“冬季”——淡期、冷期，房价不断下跌，而导致房价下跌的直接原因就是因为大幅降息后的大幅涨息。从2004年6月开始，经历了持续降息后，美联储的低利率终于见到了“春天”，仅仅用了1年时间，便经历了连续13次的涨息，从过去的1%提高到4.25%。到2006年8月时，涨到了5.25%，这一系列涨息措施直接导致房屋借贷成本的上涨，起到了抑制需求和降温市场的作用，引发了房价下跌。次级贷款者无法通过抵押或售出来获得融资，使得违约的几率大大增加，金融机构也不能收回贷款。当然，与之相关联的债券价值也开始缩水，那些购买债券的机构，同样也跟着亏损，严重影响各国资金的流动性。当这类事件不断地增多并扩大时，危机便发生了，即现在所说的“次贷危机”。

第四章
中国股市：经济的晴雨表

股市波动与宏观经济密不可分，价格曲线是宏观经济运动的表现。如果宏观经济运行良好，股市就会产生剧烈的上涨，而经济运行下滑又会导致股市的大幅度下跌。如果宏观经济没有明显的变化，股市则如同无风的海面，波澜不兴。但是最近两年，当全球主要股市纷纷上扬时，唯独沪深股市出现下跌；当全球主要股市大幅下跌时，沪深股市受累跌得比谁都厉害。让许多投资者不解的是，在中国经济增速、上市公司盈利增速均领跑全球的大背景下，中国股市的表现却全球倒数。人们常说，股市是经济的晴雨表，可是中国股市的表现还能称得上晴雨表吗？

一、股市：经济的晴雨表

罗杰·沃德·巴布森在金融史上的地位或许不能与凯恩斯、索罗斯那些如雷贯耳的名字相比，但是他对股市与宏观经济规律的洞察力无疑相当惊人，他第一个提出了股市是经济的晴雨表理论——巴布森晴雨表。1910 年他出版的第一本书《积累财富用经济晴雨表》中写道：“缓慢下滑的市场通常意味着，最优秀的投机者认为整体的商业状况将会在不久的将来出现一个萧条时期：缓慢上升的市场通常意味着一个繁荣时期，除非这种上升或下降是由人为的操纵行为造成的。实际上，如果没有操纵行为，商人们几乎可以把股票市场视为一个晴雨表，让这个大市场中的经营者花费力气收集决定基本状况所需的资料，他们自己则坐享其成。然而不幸的是，研究股票市场本身并不能把人为的运动和自然的运动区别开来，因此，尽管银行家和商人们可以把股票市场视为一种晴雨表，他们仍然应该对其有限的重要性有个公正的评价。”

巴布森的理论在投资中是否得到了很好的验证？拿 1907 年的大恐慌来说，当时市场笼罩在一片恐慌之中，巴布森比较了国民经济发展和证券市场价格变化的规律，他开始利用他提出的“巴布森图表”预测进行专项分析。根据巴布森的预测，1907 年将会是熊市的结束和一轮牛市的开端，而此时的熊市已经形成并持续 11 个月，直到当年 12 月初才结束，这意味着巴布森提前 11 个月精心计算出了股市的萧条区域。他随后得出牛市区域直到 1908 年 7 月末才在市场中表现出来的结论，而股市晴雨表再次预言到股市的繁荣。这次牛市产生于 1907 年 12 月，在 1909 年 8 月达到顶峰，并从这时起巴布森同样正确地提前预测到下一个萧条时期。

这显然表明，股票市场是晴雨表，而巴布森图表更像一个记录器。当然，与它辛勤的编撰者具有同样才智的人们仍然可以从中获得可贵的对未来具有指导性的意见。股市晴雨表是独一无二的，它是无法复制的。前面简单的介绍已经表明，股市晴雨表的确能够提前数月预测到商业的综合状况，其他任何指数或指数的综合体都无法胜任这项工作。同样，1929 年的大崩盘也充分地验证了巴布森的理论，在经济并没有出现明显问题的情况下，股市率先预测了经济的急剧衰落。

为了更详细地反映股市是经济的晴雨表，我们制作了美国战后股市波动与经济波动的时间差异表格，具体如下：

股市波段顶点	经济张期高点	差异	股市低谷出现	经济衰退低谷	差异
1948 年 6 月	1948 年 7 月	1 个月	1949 年 6 月	1949 年 10 月	4 个月
1953 年 1 月	1953 年 2 月	1 个月	1953 年 9 月	1954 年 6 月	10 个月
1956 年 7 月	1957 年 1 月	6 个月	1957 年 12 月	1958 年 5 月	5 个月
1959 年 12 月	1960 年 2 月	2 个月	1960 年 10 月	1961 年 2 月	4 个月
1968 年 11 月	1969 年 3 月	4 个月	1970 年 6 月	1970 年 11 月	5 个月
1973 年 1 月	1973 年 3 月	2 个月	1974 年 12 月	1975 年 3 月	3 个月
1981 年 4 月	1981 年 7 月	3 个月	1982 年 8 月	1982 年 11 月	3 个月
2000 年 3 月	2000 年 5 月	2 个月	2011 年 9 月	2001 年 12 月	3 个月

资料来源：美国国家经济研究局，股市数据来源于网站 http：//finance. yahoo. com。

通过上表可以发现，股市波动与经济波动确实存在时间差异，股市波段高点比经济扩张顶峰提前 2 ~6 个月。如何理解这个规律呢？股市有自身的特点，一般来说，一轮牛市要经历三个阶段：第一阶段走势平淡无奇，属于积累阶段，先知先觉的投资者在这个阶段逐渐介入；第一阶段结束后，市场行情开始上涨，广大投资者发现行情已经启动，开始跟进，此阶段也可称为大量投资者买入阶段；在大量投资者追随买入后，股价快速上升，开始进入第三个阶段，即大众投资者不断买入，把股价推向顶点，这是最后的阶段。

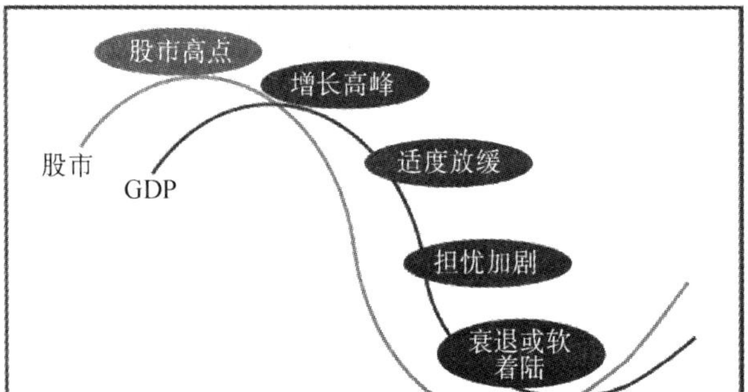

图：股票市场走势相对宏观经济（GDP）具有先行关系

结合经济周期来看，在第一阶段，一般进入的先知先觉者提前感觉到经济已经处于低谷。有许多向好的积极因素正在形成，开始大量地买入，造成了股市底部先于经济低谷的出现。反之，牛市发展到狂热阶段，经济已经呈现过热的迹象，先期介入股市的先知先觉投资者感觉到危险的到来，开始出售股票，兑现盈利，以防止经济下滑导致股市下跌。同时广大投资者也开始加入了抛售行列，最终形成了股市的顶部，而此时的经济距离高峰也不远了。

这一现象充分地说明了股市是经济的晴雨表，股票指数是经济的先行指标，时间上的差异并不能掩盖两者整体运行的一致性。

二、中国股市是不是经济的晴雨表

长期以来，股市总是被习惯地称为经济的晴雨表，投资者都有意无意地接受了这样一个理念。中国是否符合这一规律呢？中国经济从20世纪90年代经历了数年的高增长后，在1997年亚洲金融危机时期经济增长放缓。经过几年的低增长调整期后，现在又进入高增长的轨道中。然而，中国的证券市场却没有这么好的稳定性。从设立之初到现在，中国股票市场上演着一幕幕的暴涨暴跌，不仅收益率波动性极大，而且收益率本身就难以琢磨。从中国股市的现实来看，股市还不能很好地体现经济增长的趋势，有时甚至与宏观经济形势的走势背离。

2007年10月16日，上证指数到达历史新高——6,124点，相对于2005年年末的1,080点，用了不足22个月涨了4.67倍。同时，一些大蓝筹公司也因此成为世界前几位的大市值公司。疯狂的大市在看似风光的时候，用了仅仅一年的时间从6,124点暴跌至1，994点，跌幅高达67%。从下面3张图可以看到，中国的GDP增长率、CPI和上证指数的对比。

从下面3张图片可以看到，GDP增长率与上证指数大多数情况下都处于相背离的状态，CPI与上证指数的关联性不大。中国的GDP增长率总体保持在7%左右，实体经济发展总体呈增长趋势。但相比之

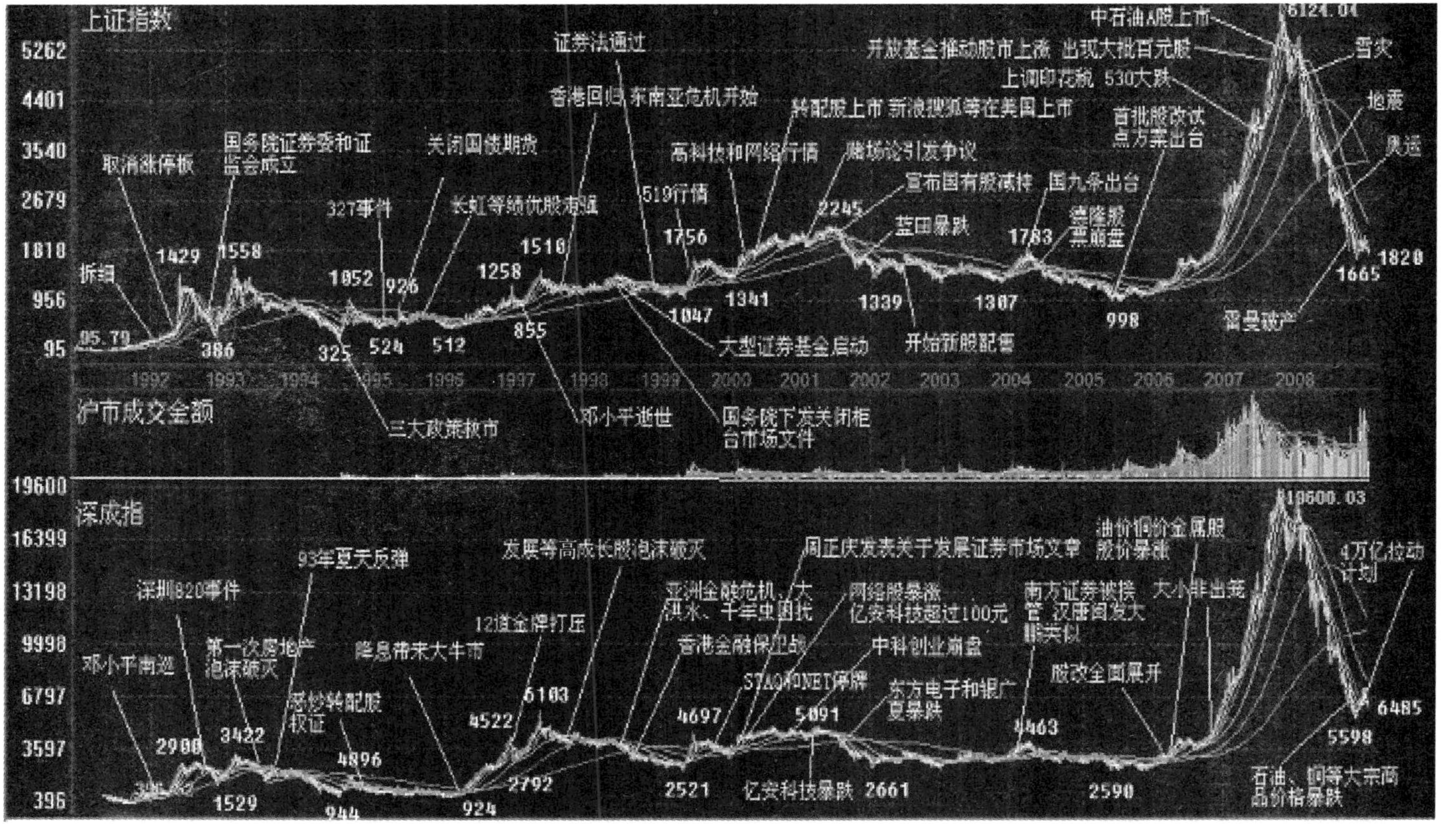

图：1990—2008年中国股票市场走势及其重大事件

图：1990—2008 年中国历年 GDP 增长率

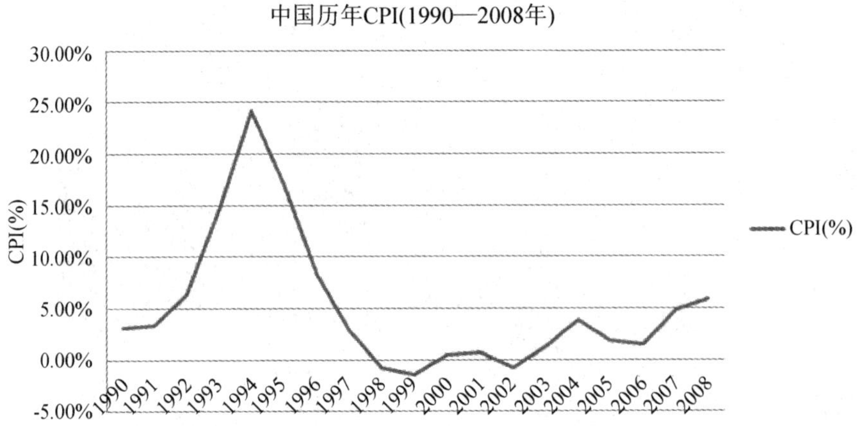

图：1990—2008 年中国历年 CPI

下，上证指数却经常出现与 GDP 增长率相背离的现象，例如 2001—2005 年这段时间最明显，GDP 增长率从 2001 年的 8.3% 升至 2005 年的 10.4%，升幅为 2.1%。但在此期间上证指数涨幅为 -44.10%，两者出现明显的背离现象，股市的“经济晴雨表”功能无法体现。

为什么中国股市不能成为中国经济的晴雨表呢？原因当然是多方面的，主要包括：新兴市场投资理念导致投机行为盛于投资行为；政策对市场运行的过分干扰；市场未成熟，制度存在缺陷，监管不严；经济发展评价指标过于单一。

新兴市场投资理念导致投机行为盛于投资行为。中国股市诞生至今天只有20多年的历史。相对于西方发达国家，中国的股票市场还属于新兴市场，很多方面还不成熟。相对于西方投资者，中国投资者的金融、证券等专业知识水平、分析决策能力和素质偏低。外国的投资者以机构投资者为主，而中国投资者大多数为专业水平低和资金量少的中小投资者。中国的股票投资者大多数都是带着赌博和暴富的投机心理进入股票市场，希望通过各种途径得到内幕消息、小道消息、股评、跟庄等非正常手段获得丰厚的收益。他们的操作方式往往是追涨杀跌、频繁进出市场、盲目跟风等等，以求资金能够快速增值。这种操作方式容易对股票的行情助涨助跌，加剧了股票市场的不稳定和投机气氛，不利于股票市场长期健康的发展。

机构投资者为投机风气推波助澜。在西方发达国家，大部分中小投资者都是委托投资机构进行交易，机构投资者的投资理念对稳定市场有着重要的影响。中国大力发展机构投资者，本意就是抑止投资风气，稳定资本市场。但是很多机构投资者却成为市场上投机炒作的重要力量，对市场上的热点进行轮番炒作，推高股价和砸盘的影响比中小投资者更大。

上市公司通过上市的方式，从社会上募集资金来促进自身的发展，提高业绩。同时，通过这种方式担负更大的社会责任，在自身发展的同时兼顾社会和公众的利益，从而达到资源优化配置的结果。但在目前，中国的大多数上市公司长期只考虑到自身的利益，忽略了社会责任和公众利益，把股票市场看作一个“圈钱市”，只融资不作回报，这也导致一些上市公司出现非法圈钱、转移资产、合作坐庄等侵害中小股东和投资者利益的行为。

纵观A股市场，如银行、券商等金融股，无论上市公司的质量、盈利能力和市盈率都比中小盘的很多股票好得多，但这些优质股一直处于价值的洼地，炒作、股价飙升的大多数都是出自中小盘股，这是由于优质股、蓝筹股盘面大，需要巨量的资金才能拉动，难度较大；中小盘股的股本小，相对少的资金就能拉动，操作起来相对简单。

专栏：　　　　　股市人物——巴鲁克

伯纳德·巴鲁克（Bernard Barrich，1870—1965年），被称为投资鬼才，投机大师。巴鲁克既是白手起家的成功典范，又是善于把握先机的股票交易商；既是手段灵活的投资商，又是通晓经济发展的政治家。人们对他冠以投机大师、独狼、总统顾问、公园长椅政治家等名号。然而人们更愿意称他为“在股市大崩溃前抛出的人”。

巴鲁克1870年生于南卡罗莱纳州，纽约市立学院毕业。早年他在纽约的一家小经纪行干些打杂的活儿，周薪3美元。通过不断努力，被迅速提升为公司的合伙人，之后他倾其所有，购得纽约证券交易所的一个席位，不出30岁便成了百万富翁。此后的几年里，巴鲁克几度濒临破产，却都东山再起。

在华尔街比拼的投资者，几乎每个人都是某一领域的高手，或是经纪专家，或是风险投资家，或是场内交易人、投资银行家，而巴鲁克却能在短短的时间里将所有这些角色集于一身，成为投资的“多面手”。1897—1900年大约3年的时间里，巴鲁克的个人资产上升到了100万美元，从一个一文不名的穷小子变成了令人羡慕的百万富翁。而1916年，巴鲁克的净资产已经达到200万美元。

正当巴鲁克在股票市场上呼风唤雨之际。第一次世界大战使他一步跨入了美国政坛。巴鲁克把握战局和经济的时机几乎可以说是无懈可击：他在一路上扬的股票市场中大量吃进，稳稳地持有这些为他带来无限财富的股票；同时他在步入20世纪的美国政坛为自己找到一席之地，并亲自开创了国家战时的管理体制。他曾多次担任美国总统的“智囊”，并在第二次世界大战后美国的对外关系中发挥了相当重要的作用，成为了美国政坛的一位风云人物。

他既钟情股市，又热衷政治。巴鲁克在1916年被威尔逊总统任命为国家防护理事会顾问委员，并获得与威尔逊共赴凡尔赛会议的殊荣。但是在整个20世纪20年代，他的建议并没有受到重视。随着大萧条的降临，以及纳粹危机的出现，他对国策的建议越来越受到关注。巴鲁克成了罗斯福新政时期智囊团的重要成员，他提出的一系列经济建议，包括量入为出的税收计划和产业优先、租金上限、合成橡胶计划等，均被罗斯福政府所采纳，成为促进美国经济恢复的重要政策。战后巴鲁克受杜鲁门总统委托，参与联合国原子能理事会，在国际事务中发挥了相当重要的作用。他对社会公益贡献卓著，被列为100名最杰出的犹太人之一。

政策过分对市场运行的干扰。中国的股票市场起步晚，市场机制尚未成熟，存在着制度上的缺陷，为了保护投资者利益、维护市场的稳定，政府和监管机构采取了各种政策措施稳定股价。这对于引导中国股市长期健康发展是一件好事，但直接干预所带来的负面作用也是不能忽视的。政策性因素对股市的内在稳定机制形成存在着影响。

板块轮动、概念往往体现了政策过分干扰市场。市场走势的带动往往需要一些热点去支持，而热点往往是板块和概念。在中国的股票市场，板块和概念很多时候都是政策支持才得以轮动效应。例如，2010年4月国务院把海南国际旅游岛建设作为国家重大战略部署，一时间“海南国际旅游岛”概念和海南板块的个股全部“鸡犬升天”，股价接连翻倍，相比消息发布之前的不温不火，差别相当大。一般的区域建设往往能带动相关地区板块的个股股价上升，而消息发布之前相关个股表现相当平淡。同样的情形还出现在行业板块，智能电网概念、物联网概念、特高压概念、高铁概念等等相关概念都是来自国家政策的宣布或扶持。最近的高铁概念带动了晋亿实业。在概念出现之前该股股价只是在5元多的水平，概念出现之后一度上到31元的位置，幅度之大令人震惊。而新能源汽车、清洁能源等列入“十二五规划”进行扶持也令相关个股表现不俗。这些现象最大的特点就是，相关政策消息出台之前个股都是表现平平，但政策出台之后马上出现大幅度的拉升，交投活跃程度非常，受政策因素影响相当明显。虽然股指的波动与宏观经济运行状况的相关性不强，但却与政策面的变化密切关联，宏观政策对股市的影响很大。其中，主要原因是由于宏观经济政策和股市政策可以左右上市公司的盈利预期和市场供求关系，进而影响行情趋势的变化。

市场未成熟，制度存在缺陷，监管不严。股权结构设置缺陷是中国市场制度中最根本的缺陷，核心问题是股权设置分裂导致股票市场被分割，从而引起股东利益差异、市场结构不健全和市场的低效率。由于各种原因，中国的股票分为国有股、法人股和社会公众股三大块，虽然现在不断解禁，但非流通股依然存在。由于存在同股不同权，同股不同价的现象，市场的价格机制被严重扭曲。再加上国有股处于主导地位，难以建立合理的法人治理结构，导致股票市场缺乏稳定的发展基础。有些上市股市存在几个市场的分离，例如，A股、B股，又在香港上市有H股，容易造成混乱。股权结构设置的缺陷导致股票市场未能完全市场化，存在差异化市场的现象，对股市的长期健康发展带来消极的影响。

市场功能存在缺陷。证券市场作为资本市场其中的一部分，应该具备促进资本形成、优化资源配置、完善公司治理机制的功能。而中国的证券市场，上市公司、企业和政府主要是为了筹资，其他功能基本上忽略，严重缺失。上市公司在面对股票市场融资的同时，没有建立起适应市场运作机制要求的内部治理结构。企业为了筹集资金，在形式上进行改变，按公司制外壳进行改造以符合上市要求寻求上市。成为了上市公司，但其经营机制的转变问题依然没有根本解决，经营效率没有得到实质性提高，成为公司经营业绩提升的瓶颈。这样，从股票市场筹得的资金到手了，由于业绩受到制约，上市承诺的经营项目往往就无法开展。这种现象导致上市公司把股票市场当作“提款机”，没有重视资源优化配置功能、公司法人治理功能。

证券市场监管制度的缺陷。证券市场监管应本着“公平、公开、公正”的原则，注重对投资者，尤其是中小投资者的保护。有效的市场监管是证券市场有效的前提。但在中国的证券市场，普遍存在监管的低效和制度的缺失。中国的监管体系主要依赖政府机构（证监会）的监管，而法律法规完善程度仍然有改进的空间，例如，现在还有很多试用条例，这些相对的滞后就会造成事后监管多于事前监管。这种监管低效直接导致了市场的低效。而自律监管也有很大的改善空间。由于股权结构设置的缺陷导致存在非流通股的存在，这就导致“内部人”控制的现象，进而出现公司法人治理结构的缺失，容易形成证券公司和上市公司的监管真空。例如，信息监管方面，上市公司的信息披露存在不实之处，对投资者的判断造成误导进而造成损失，也容易助长市场的投机风气；内幕消息的泄露会导致市场的混乱和价格扭曲，一小部分知情者从中受益，滋生如“老鼠仓”的恶劣现象，对投资者的利益构成严重损害。这些现象都容易扰乱证券市场秩序，阻碍证券市场健康稳定地发展，不利于保障投资者的利益。

专栏：　　中国股市与中国足球

随着2011年中国国家足球队在2014巴西世界杯亚洲区足球预选赛连续失败，最后小组都没有出线的时候，大家都同时认识到了，中国足球的连败局面意味着过去十几年中国足球模式的改革和发展已经彻底失败！过去中国足球的发展道路一定是哪里走错了！随着中国股市2011年下半年跌到10年前的指数点位，在世界独有的中国经济超级大发展的黄金十年里，中国股市却回到了十年前的原点。不管你认可不认可，市场用数字告诉所有人，过去中国股市的发展道路一定是哪里走错了，中国股市模式也已经彻底失败！

同样，因为涉及的人太多，这两个领域政府主管官员的更替与任命也最抓全国人民的眼球。我们国家更高一层的中央集权政府主管部门官员骨子里的认识似乎是：事情办不好是由于主管的人不行，只要换一任好的足协主席，中国足球就能冲出亚洲、走向世界了！可惜，从年滩泗、阎世铎、谢亚龙到今天的蔡振华，中国足球离冲出亚洲走向世界的目标越来越远！这个带领中国乒乓球队所向披靡的蔡振华，能够不负众望振兴中国足球，带领中国足球冲出亚洲、走向世界吗？

另一个是中国股市，从刘鸿儒、周正庆、周小川、尚福林、郭树清、到今天的肖钢！都在其任上大谈中国股市的制度建设，以及投资者保护问题。周小川倡导过“投资者教育”，尚福林提过“投资者保护”，郭树清说过“中老年投资者不适宜炒股”的对投资者关爱的话！历届中国证监会主席都在大谈：“保护投资者利益！”可中国股市的投资者却没有真正感受到自己的利益被保护过，却在一年一年中感受到在中国股市被圈钱！就如同中国足球每任主席都说要冲出亚洲、走向世界的豪言壮语，但中国球迷却看到的是一场场惨不忍睹的失败！

经济发展评价指标过于单一。现在世界各国普遍使用GDP增长率来衡量本国的国民经济增长情况，中国也跟随世界的潮流采用这一衡量方法。但中国过分迷信和依赖这一指标，过分注重其数字的增长，在过去一段时间忽略实质的经济发展情况。

GDP是存在缺陷的——GDP核算法不能全面反映国家的真实经济情况，只能看出经济产出总量或经济总收入的情况，却看不出这背后的环境污染和生态破坏。中国经济目前还是以粗放型为主，虽然中国的年均GDP增长达到7%以上，但背后付出的环境代价和资源消耗量是惊人的，这表明中国的经济效率偏低。GDP的增长主要是重数量、轻质量，这种增长很难表明国民经济运行的质量。在目前实体经济的快速增长的背后，诸多社会矛盾日益突显，收入差距扩大、就业问题、通胀问题等等，对中国的经济运行质量带来了消极的影响。GDP的增长容易把很多深层次的问题和矛盾掩盖，导致无法客观真实地评价实质质量。中国还缺少一套客观有效的分层次综合评价国民经济发展状况的指标体系。虽然中国的股票市场存在着很多缺陷和问题，但我们也不能忽视国民经济状况的科学客观评价，因为这对“晴雨表”功能的真实性和有效性有着重要、直接的影响。因此，既然国民经济发展状况不能完全以GDP来代表，那么股票市场的发展状况也不能取决于GDP的增长。

三、中国股市：为国有企业改革服务

1989年12月，上海市委决定为解决国有企业融资难问题成立“上海证券交易所”。1989年夏，中国出现了一场政治风波，相当多的外资撤出中国。维持国有企业简单再生产和扩大再生产的资金来源一下子少了很多；向银行贷款，银行风险又很大。在这种情况下，试行直接融资，成立证券交易所就提上了议事日程。时任上海市长、市委书记的朱镕基决定召开市委常委扩大会议，于1989年12月2日同中国人民银行领导及上海分行行长龚浩成、华东师大金融学教授陈彪如商议决定立即筹备成立“上交所”，朱镕基亲自拨给交易所400多部电话额度，并决定一系列的基本规定和原则。

当时，中国的民营企业廖如晨星，大量为国有企业，所以成立上海证券交易所、深圳证券交易所的初始目的就是为国有企业服务、为公有制经济服务，对此，没有人有异议，也不觉得有何不对。后来的周正庆主席也公开承认：“股市就是要为国有企业服务。”至于股市的其他几大功能：投资功能、资源最佳配置功能、公众对企业的监督管理功能等等，实际上均很淡漠，也未引起高度重视，政策面向国有企业、公有制经济倾斜，如容忍大量国有企业长期不分红、少分红；容忍它们各种不配股，却让中小股东高价配股（增发）；容忍他们在“股改”时少付对价……

大量国有企业发行股票上市，至今该比例仍达80%。在上述历史背景下，从1990年起大批国有企业，无论长期业绩如何，均排着队上市融资。邓小平同志1992年“南巡”讲话，鼓励发展股市，他说：“有人说，股票是资本主义的，我们在上海、深圳先试验了一下，结果证明是成功的，看来资本主义有些东西，社会主义制度也可以拿来用，即使错了也不要紧嘛。错了关闭就是，以后再开，哪有百分之百正确的事情。”邓小平的讲话，使中国新上市公司一年达97家，上海借此机会上市了几十家国有企业，例如，陆家嘴、中百一店、华联商厦、水仙电器、中纺机、二纺机、丰华股份、新黄浦、上海电器、大众出租、浦东大众、第一铅笔、外交桥、兴业房产等等。其中，绝大多数是国有企业或国有控股公司，1992年初发行时无人问津的股票认购证一下子红火起来，人们视之为珍宝，在黑市高价抢购。

但是国有企业的上市目的，其实就是融资、圈钱；同时一些领导的骨子里是看不起股市、股民的。当时的规定是：“处级以上干部不得炒股”。很多领导把小平同志“南巡”讲话时对股市讲的“即使错了也不要紧嘛，错了关闭就是”这句鼓励性质的话，从反面去理解，认为国家只是试试而已，所以对股市涨跌、几千万股民的亏盈从来都无动于衷。有时稍涨了一些，就担心“泡沫”出现，拼命地、无穷无尽地赶着新股排队发行上市。如1992年香港一位经济学家提交中央领导的一封建议信，其中重要的一点就是“不停地增加供给”，大发大上新股。结果将股市从1992年6月5日的1,249点，一下子打了下去，一直跌到1992年11月20日的386点。此外，1996年12月，还发了《人民日报》社论来批判股市，使股市从1,200多点大跌到777点，沪深股市开始了漫漫熊市，同时伴随着大面积的股民亏损。当然，后来国家又改成鼓励股市上涨，以解决宏观经济不景气问题——总之，政策的味道很重。

到2011年12月，中国上市公司2300家，国有控股上市公司为1,000家；股市总市值26万亿，其中国有上市公司总市值达20.3万亿，所占比例为80%。因此，中国股市最大特点就是一个以公有制经济为主的，上市公司大多数为国有企业、公有企业的股市。这种情况对于西方国家是不可思议和难以想象的。

专栏：股市人物——杨百万

杨百万真名叫作杨怀定，被称为中国第一股民，而他则自称“散户工会小组长”。他的故事曾被包括美国《时代杂志》、《新闻周刊》在内的世界各地媒体广为报道，成为世界舆论关注中国改革开放进程的一个重要话题。作为中国证券市场最早的参与者和见证者之一的“著名散户”，这个经历了二十多年风风雨雨仍然活跃在市场上的“不倒翁”，已成为回顾中国改革开放和证券市场发展历史绕不过去的“象征性人物”。

2007年下半年，沪深股指冲上高位后，杨百万曾多次向散户发出警告。9月12日，上证综指在走出“5·30”大跌后一路向上，冲破了5,000点大关，许多人都在议论7,000点、8,000点甚至一万点，杨百万却在接受中证报记者采访时，提出“股市风险加大，又到克服贪婪时”，特别强调绩优股群体已经积累了相当大的泡沫，投资者特别是中小散户一定要克制住贪婪心态，不应盲目理解所谓绩优股的价值投资，而进入“价值投机”的怪圈。

这篇文章见报后，杨百万受到了许多人的嘲笑。但19个交易日后，上证综指就在冲高6,124点后掉头向下，至今跌幅已超过60%，蓝筹股群体更成为下跌的主力。

杨百万因此再度备受关注，其作为中国成功的散户投资者代表的形象再次得到确认。杨百万说："我现在的工作之一，就是为散户站岗放哨。"

但他同时声明，现在只对自己决策软件的客户作指导，不会随意对公众发言，不会滥用自己的影响力。他说："我没有自己的网站，也没有博客，只是偶尔，特别是在大盘走势的关键时刻，接受记者的采访。目前互联网上的所谓'杨百万'网站或博客，全部是假冒的。"

从1988年参与国库券买卖算起，经过柜台交易阶段，再到沪深交易所正规的竞价交易市场，杨百万参与了中国证券市场的全部历史，也是其中的幸存者和成功者。杨百万在证券市场走过的心路历程，堪称中国证券市场历史的一个缩影。

1998年，新华社、中央电视台评选"改革开放20年20人"，杨百万入选。如今已到了纪念改革开放三十年，当年的"20人"中不少人已经因各种各样的原因翻船落马，杨百万却活得挺好，并不断有新的收获，这不能不说与他成熟理性的心态和稳健的生存方式密切相关。

十年前他就曾对记者说："我始终保持独立，不参加任何联盟，不管是券商的、庄家的，还是上市公司的。"记者与杨百万相识多年，深切地体会到他不仅有胆而且有识，他最大的长处就是能够独立思考，在关键时刻能够把握住自己，他有自己明确的生存之道，这已化为他的生存智慧，虽然从学历上来说，他只是一个初中毕业生。

四、中国股市：股东和高管的提款机

金融市场建立的初衷应该是一种双赢的设计，企业通过金融市场为发展集资，而公众公司为广大中小投资者提供投资机会，分享经济发展的成果，股票市场成为实现共同富裕的社会发展模式，投资股市的最终目的就是取得比现行定期利率及企业债券及国债等债券更高的回报。从更深邃的社会意义上讲，股市是一种藏富于民、共同富裕的手段，是克服市场经济体系下贫富差距悬殊的一种补偿手段。

但目前的中国股市，某种程度上对于政府而言，是一种税收来源（目前，仅以A股市场而言，印花税总额远远超过了上市企业的分红总额）；对于证券公司或投资银行而言，最重要的是能够获取大量的佣金，表现在新股市盈率很高，但大都较快跌得无人问津，但却又无人对此负责；对于上市公司而言，最重要的是能够获得巨额的发行溢价或创业利润；但对于中小散户而言，短线操作的“赌博”价值远大于投资长期持有的价值。

这就使得中国股市隐藏着严重的弊端：由于中国企业上市仍然实行严格的行政审批制度（特别是A股），使所谓的“壳”资源成为莫名其妙的“稀缺资源”，从而使股票市场完全丧失了本来应有的优胜劣汰功能，大量的资金仍然被一些低效且无发展意义与前途的上市公司所占有和浪费，人为地扭曲了一级市场。

同时，因为没有强制分红制度，使得市场上业绩好的企业也无法吸引投资者的眼球；另外监管部门重发行，轻监管，使得上市公司侵害投资者的行为屡屡发生，使投资者失去了信心等等，这些制度的缺陷，使得A股市场在小规模投资人眼中，几乎等同于一个“投机”或“赌博”型的资本市场。在这一点上，创业板的表现尤为明显——大批创业者在解禁期一过即抛售自己公司的股票一走了之。

前摩根斯坦利董事总经理、被称为亚洲明星经济学家的谢国忠曾表示，在中国股市，大多数公司实际上都是在赚股市的钱，而不是替股市赚钱，更不用说为股民赚钱。现代社会是一部大机器，这个机器一直在吸引股民进入股市，这种力量把股民吸引进来不是让股民赚钱，而是要把股民的钱重新分配，分配给一小部分人和企业。大股东都是在利用这个市场融资、圈钱，不知道给投资者回报。中小股民便理所当然地成为了股东和高管们的提款机。一个健康的投资市场，应该是投资者的市场，投资者拿出钱能得到回报，这个市场就是一个健康的市场。而在这20多年间，中国的股民、投资者在市场上却难说得到了怎样的回报。中国股市投资人的短线行为是被“逼”出来的，中石油在美国上市融资总额不过29亿美元，但上市四年，海外分红累积高达119亿美元，每年分红都超过海外投资者的投资额。仅2005年，中石油就向海外投资者派发了总计600多亿元人民币。海外和香港H股股东在中石油的千亿利润中大获利好。

2007年，中石油回归A股路演，财务总监周明春曾说：“从2000年海外上市至今，公司坚持每年两次分红，累计分红达3,055亿元人民币，为投资者创造了丰厚的回报，受到国际资本市场的高度认可。”按照这一说法，回归A股的前六年，中石油平均每年拿出近500亿元进行海外分红。2007年中石油回归A股时，融资额达668亿元人民币，相当于95.4亿美元，是在美融资的2.29倍，但2007年，回归A股的中石油派发给股东的分红不到6亿元人民币。中石油在内地和香港分红水平相差十倍。

假如单纯从市盈率这个指标来看，中国的上市公司中似乎有很多的投资机会，例如，当前的银行股，市盈率都不到10倍，看起来非常低，非常有投资价值。但是不要忘了，中国股市中的市盈率完全不具有实际的投资指导性。中国的上市公司根本不按实际利润率给股民分红，从而使市盈率成为一种“海市蜃楼”、“水中月亮”。只要看一看众多上市公司，经营业绩非常好，利润率非常高，市盈率也非常低，但是股息分红却低得可怜的事实就清楚了。

在目前的中国股市，大概已没有一个股民是冲着分红而入市的。换句话来说，中国的股民从主观上和客观上来说，百分之百都成为投机者或赌徒。而这一点，恰好与建立资本市场的初衷是完全相违背的。而且也导致了中国股市中不应该有的资金单向流动，即货币只是源源不断地从股民账户中流向政府、证券公司和上市公司，而缺乏一个由上市公司通过有效的分红制度向股民回馈的合理机制。

在市场疲软的时候，人们往往把矛头指向新股发行，甚至建议暂停IPO。其实，按2011年的情况来看，IPO只占全部资本市场资源的

38%。而这些垄断企业不断通过增发来稀释股价，轻松占据市场的资源。2012年3月兴业银行增发，一单就是264亿，相当于占了100家创业板企业的资源，而仅在2011年，就有近一倍超募的资金。这就造成了中国资本市场不是以盈利能力来衡量股价，而这正是导致这些企业在海内外资本市场股价有如此大差别的原因——不分红不说，股价还总掉，如何让投资人长期持有？从这个意义上来说，我们不能指责A股的散户多，都做短线——他们的行为是被“逼”出来的。

五、中国股民：为什么受伤的总是我

股市是经济发展的晴雨表，但这一全球主要股市的普遍规律却似乎并不适合“中国国情”的股市。在全球经济危急中，中国经济仍是一枝独秀，是所有主要经济体增长最快的国家，但是中国股市却连连下挫，上综指数从2007年最高点6,124下跌至2012年8月低的2047。作为次贷危机发源地的美国，股市从其历史最高点14,198点下跌到2012年8月底的13,090点，恢复到危机前的百分之九十多，而全球经济表现最好的中国，股市仅是历史高位的1/3。

据统计，在次贷危机的2008年间，中国股市每个账户平均亏损38万元市值。在欧债蔓延的2011年间人均亏损4万元。“一盈二平七亏”，这是中国股市的老话。如果算上股民投资的机会成本，那多年以来中国股民所投资的股票与“十赌九输”的赌博没有区别。

中国股民为何“不幸福”？调查显示，股市低迷、监管不力、上市公司回报不够、庄家勾结是影响股民幸福的最重要因素，此外，股民自身能力也在一定程度上影响了幸福感。

回归到股民的概念上，上市公司作为公众公司，持有其股份的人即为其股东，享有分红等权利。但在A股市场，铁公鸡盛行、信息不对等、内幕交易频发等负面因素消磨了股民作为上市公司股东的认知。调查数据显示，仅一成股民认同自己的股东身份，近半数股民希望解套后逃离。

对于上市公司而言，通过股市融资实现一夜暴富不在少数；但对于股民来说，通过股市实现财产性收入的保值增值，难度却非常高。股民的心愿其实很单纯，在A股中能够赚点零花钱、顺便打发时间即可，只有一成多的股民抱着发家致富的愿望。然而，残酷的K线打破了股民的美好愿景，解套后逃离成为大部分股民为自己设定的目标，47.95%的股民表示要在解套后撤离。

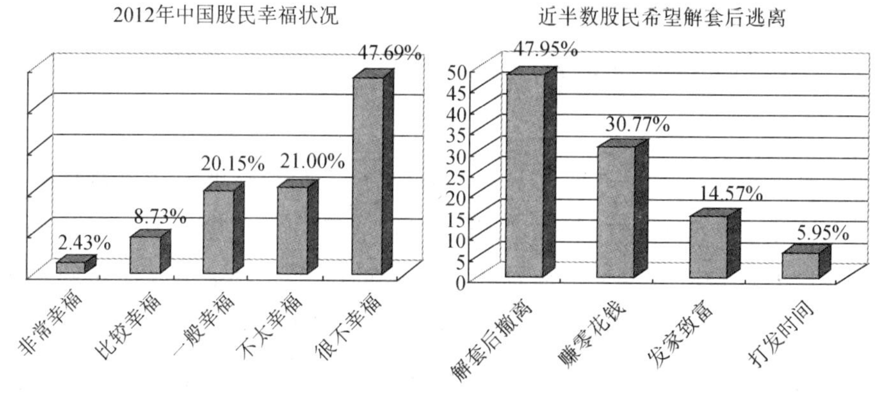

图：2012年中国股民幸福状况调查

十余年前，中国的上市公司盈利增长5倍有余，但是如今股市指数却回到2001年年初的水平。十年如一梦，股民所做的投资在十年之后并没有伴随着所投资公司的发展而获利，甚至是将自己辛辛苦苦挣的钱赔进了股市。反观与中国发展模式类似的发展中大国印度，股市十年涨幅417%，印度尼西亚和巴西更是以967%和428%的涨幅领跑世界。为什么经济复苏最快，却不能在股市上得到反映？目前，对中国股市的表现，在经济学界有一种解释是：

在一些以消费为主导的西方国家中，经济增长是消费需求增加以及由此带动的投资增长的结果。而中国，这几年的经济增长主要靠投资拉升，并不是企业的自主行为，中国投资的增加只是一种供应的重复叠加，而不是市场需求增长的结果，而且对海外市场的依存性较高。

因此，持这种观点的人认为，一旦海外市场的需求出现疲软，就会导致企业利润的下降。每一轮政府主导的大规模投资完成后都会伴随企业竞争环境的恶化、利润的下滑，这自然会导致股市基本面不断恶化，股价不断下跌。

如果是以消费为经济发展的导向，增加投资是企业的自主行为，并且由需求决定，企业增加投资就是为了满足市场需求，这自然使得企业利润增长，从而导致股市基本面改善。

根据这个观点不难得出，中国股市其实反映了经济的核心内容——国内市场需求对增长的贡献过低，因此，股市更多的是反映海外市场需求是增加还是减少——因为一旦海外市场的需求减少或者增长趋缓，中国企业的利润增长率就将下滑，从而对中国股市产生作用。

另外，还有一种主要存在于中国券商中的观点认为，中国股市的总市值目前不到30万亿，其中83%是国有资产。造成这一现象的主要原因是中国改革开放之初，对证券市场的定位是为国企融资。因为当时中央财政年收入只有几千亿，而一旦开放，以国企为主体的中国企业就要面临全球竞争。

而企业需要资金、技术去面对全球性的市场竞争——在这种局面下，就导致了一些盈利能力达不到资本市场要求的国有企业在国资委和地方政府的支持下，打着国有资产证券化的旗号，通过包装得以上市，这就给证券市场带来了很大伤害。这些所谓的蓝筹股、大盘股长期缺乏投资者的关注，投资者也对这些蓝筹股失去了兴趣，股价一直表现不佳，影响了大盘和市值，使得中国股市与中国经济的表现大相径庭。A股市场是个“分赃游戏”？“股市低迷的原因，部分是经济，更大部分是制度缺陷。”燕京华侨大学校长华生教授的这句话无疑是对这个伤透了无数投资者的心的股票市场的最好诠释。

专栏：股市人物——本杰明·格雷厄姆

本杰明·格雷厄姆于1894年出生于一个在商业经营和金融投资上都完全失败的英国商人家庭。这个可怜的孩子9岁的时候就失去了父亲，这直接导致了格雷厄姆家族经营的陶瓷生意的破产；13岁的时候，他的母亲不仅在美国钢铁公司的股票上亏掉了所有积蓄，而且欠下了巨额保证金。但是，这一切苦难都不足以把本杰明·格雷厄姆扔进终身贫困的深渊。依靠自己打工赚的钱，艰难地读完了哥伦比亚大学的本科学位——在任何一个时代，这都意味着一份薪水丰厚的工作和一条无比光明的职业生涯。家庭的贫困完全改变了格雷厄姆的一生。事实上，格雷厄姆的所有朋友都认为他适合搞学术，因为他极其热衷于学习，擅长写作，而且对数学极为精通。在20世纪初期，大部分金融家都不怎么懂数学，甚至连一些简单的财务比例都算不清楚。那个时代的金融家热衷于谈论模糊的“消息”和“期望”，而不是明确的数据和事实。格雷厄姆从年轻的时候起，就非常痛恨这种模糊的投资理念，尤其是不经过大脑分析、只凭热血冲动的盲目乐观的投资理念，因为他的母亲正是因为盲目乐观而变得一贫如洗。每一个经济类专业的大学毕业生都会想到职业成功、一夜暴富和聚光灯下的生活，但是在格雷厄姆心目中，最重要的恐怕不是争取变得富有，而是争取避免自己的家族过去一再蒙受的苦难——投资失败和破产。

所以，格雷厄姆终其一生都是非常谨慎的防御型投资者，他所创造的“价值投资”理念与其说是为了争取投资收益，还不如说是为了尽可能地回避投资风险。他喜欢数字，喜欢详细的财务报表，喜欢被历史检验过的规律；总之，他喜欢一切现实的和可靠的东西，也喜欢揭露隐藏在表象背后的事实。这种性格似乎更适合做一个金融学教授，而不是一个股票分析师。事实上，格雷厄姆本人一直渴望在大学教书，但是由于家庭实在缺钱，他只能选择在喧嚣浮躁的华尔街找一份工作。结果，这个喜欢数学的年轻人彻底改变了华尔街，并在若干年之后被华尔街的新一代基金经理们敬畏地称为“华尔街教父”和“最伟大的投资者”。

六、中国股市的利益博弈格局

在中国不看重股东回报的市场中，推动股价上涨的唯一动力就是资金。在政策鼓励→股市上涨→赚钱效应→新股发行→供过于求→股市下跌的循环中，广大股民看到了政策的威力和实惠，再加上各种舆论宣传，激发了广大民众对通过买卖中国上市公司股票就可以发大财的美好憧憬，中华儿女掀起了入市高潮。

同时，券商和基金公司为了扩大规模、募集资金，必须有令人信服的理论和实践来加以宣传，于是众人从西方经济学理论和股市规律的书堆里找来一系列理论来说明中国股市高估值的合理性，中国经济跨越式发展模式、中国经济发展阶段和速度论、市场分割理论等都曾被用以解释内地市场高估的合理性。

券商、会计师事务所、律师事务所、风险投资者、私募股权投资者、上市公司的大股东，所有人的最大利益都在于首次融资时单位股权融资额度最大化，大家的佣金、奖金和股权溢价都可以得以最大化。

过高的估值使得持有股票的股东们通过分红等形式获得回报遥遥无期，因此在二级市场获得回报的唯一方式就是寻求买卖之间的差价，就这样，本来应该担当资源优化配置的资本市场就必然转换成一个寻求一夜暴富的赌场。因此，中国的各类书摊上出现了大量的庄家秘籍之类的书籍，中国股民也千方百计地打听谁是中国股市的庄家，股评们热衷于从个股的成交量、走势图中去寻找庄家的蛛丝马迹。

专栏：　　一级市场和二级市场

一级市场是发行市场，是指上市公司从有意向上市，到实现上市交易前这一阶段，是非公开的阶段；通过一级市场，发行人筹措到了公司所需资金，而投资人则购买了公司的股票成为公司的股东，实现了储蓄转化为资本的过程。二级市场是对已经发行的证券进行买卖，转让和流通的市场，指上市公司上市发行后，能够在证交所进行交易这一阶段，是公开交易的阶段；在二级市场上销售证券的收入属于出售证券的投资者，而不属于发行该证券的公司。

当中国的上市公司主要由国有企业组成时，行使国有股权的代表是典型的临时指定代理人，他们的合法利益决定于这个职位的历年收入总和，而其收入总和又取决于年均收入和持续在岗时间，尽可能加大这两项变量就可以获得最大的在职收益，国资委对国有企业代理人的考核机制决定了一切，没有进入考评表的变量一定不是管理层关心的问题，唯上是从是他们必然的利益抉择。因此，上市公司的股价高低、股东对回报是否满意根本不会成为他们日常关心的事务。他们没有实现股权利益最大化的驱动因素，也犯不着冒错判股权价值的风险，这一批上市公司基本处于所有人缺位、代理人内部利益最大化的状态；与此对应，中国特色的金融市场结构，券商和基金公司的买方也主要由代理人组成，在缺少做空机制的市场上，这群代理人自身利益最大化就是用别人的钱把股票的价格推上去。一个完美的二级市场庄家与代理人合谋操纵股价完成双方利益最大化的利益链就此诞生。

如果市场结构不发生改变，在国人好赌的环境中，上述机理大体上可以进行周期性循环。但2010年以后市场发生了一个巨大变化，以创业板为平台，大量中小私人企业开始发行上市。企业主发现市场处于高估状态时，其最合理反应就是尽可能多地卖出自己的股权；当这个企业主发现他这一辈子通过分配利润所得也不可能超得过今天市场给他的估值时，智商没有出毛病的人必然的反应就是全部卖出股权。

其他同行业的企业主在这种一夜暴富的示范效应吸引下，必然也会千方百计地购买到上市通道，以完成自己未来收益的即时变现，市场机制就会不断复制这种神话，社会上的各类资金自然也就会利用这一机理来实现非产业资本的放大效应。更为糟糕的是，当这条路径成为稳赚不赔的样板时，各种权贵资本就会寻找实业界的代理人，把这种路径无限放大。这种模式的发展会带来两个方面的巨大改变：首先就是一级市场畸形高速发展迅速增加了二级市场的筹码供应，改变了原来的供需平衡点，其次是原来在二级市场玩的大资金都会转向一级市场，造成二级市场资金的迅速缩水，再次向下修正二级市场的供需平衡点。

最后，在中国股票市场建立以来的20多年中，上市公司股东们富了，创投资金肥了，券商、基金日子也还能过得下去，只有广大二级市场的中小投资人，他们几乎没从这个市场得到任何回报，亏损累累的人成为绝大多数。

专栏：　中国股市仍然摆脱不了“政策市”

2011年下半年新上任的证监会主席郭树清两次不小心的趔趄，无巧不巧地都被人和股市的意外暴跌联系在了一起。然而，最近股市又跌了，难道郭主席又摔跤了？市场如此喜好拿郭主席的一言一行和股市的一涨一跌说事，与其说是灵异说的迷信作祟，还不如说是政策市情结的阴魂不散。套用一句《论语集注》的话来说，就叫做：其辞若有憾矣，其实乃深喜之。

曾几何时，市场不还在为郭主席说了一声“蓝筹股具有罕见的投资价值”而欢欣鼓舞吗？市场的目光如此集中地聚焦在证监会的新主席身上，一点也不奇怪。一方面，郭氏新政锋芒毕露地剑指分红、新股发行和退市等一系列制度性弊端，让人不能不对中国股市的二次改革产生期待；另一方面，郭主席似乎还不怕越位，出人意料地一再直接喊话，力挺蓝筹股投资和长期资金入市，这对于正在殷切期待走出这一段阴冷熊市的人们来说，不啻是“冬天里的一把火”——“熊熊火焰温暖了心窝”。不过，正所谓“成也萧何，败

图：郭树清主席不小心摔跤

也萧何”，本书以为，中国股市成亦政策市，败亦政策市。

自1992年中国股票市场成立以来，因其在走向上受到政策的强力调控而呈现出典型的“政策市”特点。其不仅波动幅度巨大、上下震荡剧烈，而且波动频率较高、周期越来越短，这在世界证券市场中是少有的，充分展现了新兴股票市场的特征，政府作为制度供给的主体，为了发展和规范证券市场的需要以及解决经济改革中尤其是国有企业改组改制等课题，频繁对股市进行调控，而且经常通过发表领导人讲话或在权威刊物上发表文章来刻意体现管理层的意图，以期对股市产生影响，这就使得中国股市经常发生齐涨齐跌的现象。这种“政策市”的最大危害就是市场不能按照自身的规律运行，也不能使市场自身的客观评价机制合乎规律地产生和发挥作用，并且导致绩优股不香、垃圾股不臭和股价齐涨齐跌的局面。尤为重要的是，“政策市”往往造成投资者对政策调控的过度依赖，从而不利于在市场中真正贯彻买者自负原则和培育正确的市场理念。是什么原因导致中国股市这种因政策而暴涨暴跌、上蹿下跳的“政策市”特征呢？下面先直观地看一下政策的运作过程，然后再分析其后面更深层的原因。

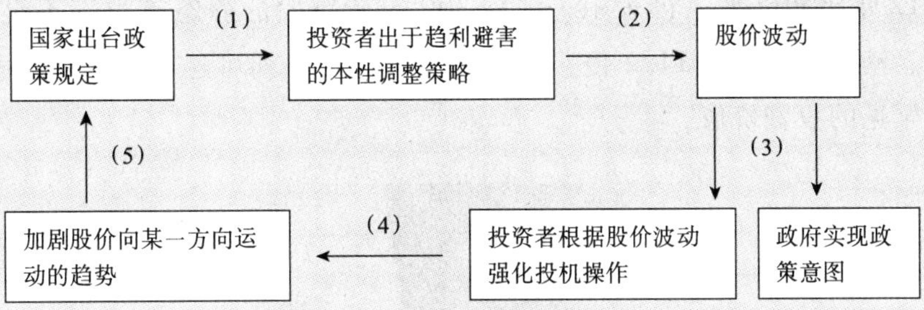

图：“政策市”的运作流程

从上图可以看出：国家的本意是希望对股市的调控过程沿着(1)→(2)→(3)的路径进行，最终只要能够实现政策意图就已足够。但实际情况却是：投资者在政策引导下追求利益的行为却使得整个过程沿(1)→(2)→(3)→(4)→(5)的路径发展。结果是国家不得不一再出台政策干预股市。因此，如果说国家的初始制度安排是国家建立和干预股市的根源的话，那么投资者的投机行为就是导致国家持续干预股市，使得政策市现象在我国股市中得到强化的一个直接诱因。这样，国家与投资者双方追求效用极大化的行为将他们双双陷入一个牢固的“锁入效应”的陷阱当中。因此，你就会看到在中国股市近20年的历史中有10多次政策出台导致股市暴涨暴跌，几乎年均一次，这是中国特有的股市现象。

七、拿什么拯救你，中国股市

在中国股市一疲再疲，一落再落，像一个悬在空中的花瓣，不知深渊在哪里，所谓的股市分析师、“炒股专家”都不敢预测底部在哪里。很明显，亿万股民财富不断受损，大股东的不断巧取豪夺，管理层过去多年对违规行为的有限作为或无所作为，好像如今谁都已经对这个曾令他们发狂追捧的市场丧失了最后一点希望和信心。证监会主席郭树清2011年临危受命，上任后不只是“三把火”，而是一把接一把连绵不断，力求挽救濒临崩溃的市场及投资者的信心。郭树清自

2012年年初以来一再表示，沪深300等蓝筹股的静态市盈率不足13倍，动态市盈率为11.2倍，投资的年收益率平均可达8%左右，显示出罕见的投资价值。

图：拿什么拯救你，中国股市

而监管部门也在最近不断倡导投资者长期投资，但事实上，投资者们的换手次数依旧频繁，一切以短炒为目标。炒消息，炒题材，炒概念，炒重组，炒政策，只要有任何炒的借口。据一份调查报告显示，有27.35%的投资者平均1个月左右换手一次，25.87%的投资者平均1~3个月换手一次，16.37%的投资者平均5天换手一次或更短，而平均投资周期在6个月以上的投资者仅占14.52%。总的来看，参与调查的投资者中，持股时间三个月以上的仅占30.41%，多数投资者持股时间较短。

这与发达市场多数投资者的价值投资、长期投资，甚至终生投资的普遍理念背道而驰。众所周知，以美国市场为代表的西方成熟股市，其牛熊交替的运行格局一般表现为“慢牛快熊”，而中国股市则相反地表现为“快牛慢熊”。导致这种情况最主要的原因是两国投资者结构的重大差别。美国股市是典型的“机构市”，因为它拥有世界最大的共同基金群体。据统计，美国拥有8000多只共同基金，其净资产高达12.22万亿美元，占美国国内市场股票总市值的73%，这是美国股市最重要的机构投资者群体之一。美国股民利用这些具有专业投资知识和眼光的基金为其投资，这样就造就了一个更为理性的投资市场，而长期的投资更让投资者作为所投公司的一分子，与公司共享发展及利润提高所带来的收益。

相比之下，中国股市则是一个典型的“散户市”。据统计，在2011年的整个A股市场，自然人的交易量占85%以上，而且散户在新股认购中占发行股数的70%左右，在上市首日的交易账户中更是占据99.8%的比例。“散户市”存在的主要原因，正是因为机构投资者力量的薄弱。力量如此单薄的机构投资者，很难成为股市的支柱，相反，在散户市的大格局中，这些机构投资者最终也沦为了“大散户”，除了追涨杀跌，就是疯狂短炒，无法成为价值投资与组合投资的表率，相反，它们进一步强化了中国式的“快牛慢熊”。

专栏：“政策市”和成熟市场的主要差别

首先，投资者结构的不同。在成熟的股票市场中，投资者结构中以机构投资者为多，而在“政策市”中，投资者以散户为多。

其次，投资理念的不同。在成熟股票市场中，投资收益主要来自股票的长期收益，投资者的投资理念趋于理性。在“政策市”中，投资收益主要来自市场差价收益，投资者投资理念具有过度投机性、短期性和从众性，缺乏独立分析和判断能力，受市场消息面影响大。

最后，投资者接收政策影响的方式和程度不同。在成熟市场上，投资者对政策信息的接收，具有间接性、差别化的特点。一些投资者认为是利好性政策，另一些投资者可能认为是利空性政策，导致投资者对同一政策的反应完全不同。这样对同一政策信息的出台，投资者对个股投资行为的调整存在着对冲，这就大大减缓了政策出台对股指的冲击力，降低了股市的系统性风险。在“政策市”中，投资者接收政策的影响比较直接，在投资行为调整上较强的趋同性，从而在宏观层面上就表现为个股的同涨同落和股指的暴涨或暴跌，系统性风险较高。

另一方面，在股市指数连创新低，投资者普遍表明对市场信心不足的情况下，新股上市却展现出与大盘截然不同的一片光景。在2012年8月上市的新股，平均市盈率达到了28.35倍，其中，中小板新股煌上煌市盈率达47.62倍，而另一只新股新华龙发行价格7.8元每股，对应发行市盈率22.35倍，开盘便上涨90.77%。而网上发行最终中签率为0.59%。据统计，新华龙企业毛利率近几年连连下滑，已从7.62%降到6.17%。股市如此低迷，新股却依旧疯抢，更令人不解的是，被疯抢的股票并非利润增长很快也非该行业领头企业，市盈率远高市场平均数，更远高于具有极大优势及龙头地位的大蓝筹股数倍。不管是中小投资者也好，媒体也好，总是在抱怨新股定价过高，或者是大股东存在圈钱嫌疑，更有要求停发新股者。但不管有多少呼声，新股不但继续高市盈率上市，更是受投资者追捧，创出几十倍、上百倍的认购率，许多新股都是首日成交升幅百分之几十到百分之百以上，其中原因相信股民们也都看得很清楚。

从这些数据可以看出，股民更偏好炒小、炒新、炒差，这是“快牛”心态的最直接体现。投资者普遍喜欢短线交易，特别愿意追逐热点板块，期待手中股票连续涨停，却无视匀速但稳定的股票。即便像基金这样的机构投资者，一年的换手率也要超过200%，结果便可想而知。个别股票价格在以一种无视价值的情况下增长，股民又以击鼓传花的方式传递，总会有人接到最后一棒，或许某些股民可以庆幸自己并非最后一棒，但可以肯定的是，在目前中国股市上，庄家必定不会是最后一棒，那么谁来当此冤大头呢？

总之，A股市场的低迷与多种因素有关，即有正常的因素，也有非正常的因素，正常因素主要集中在经济变化、市场供求等方面，非正常因素则主要集中在源头审批、上市公司自身回报意识差、利益链条腐败、发行与体制上的问题等诸多方面。但是，中国股市究竟出路何在？中国股民如何脱离苦海？

股市的出路最根本在于完善制度设计。市场之所以持续震荡下跌，总体上可归结为三大原因：一是股市本身的制度缺陷和监管不力，二是经济波动引起的股价震荡，三是投资者对市场环境失去信心。

探讨股市的问题及其出路，并不是要寻求股市只涨不跌，也不是寻求多数股民只赚不赔，主要目的就是探讨如何完善制度设计，减少制度缺陷带来的投资风险和不公平，保护投资者的合法权益。探讨股市的问题和出路，也不是为了保证股市不出现违法违规现象，而是为了保证一旦出现违法、违规现象能迅速得到追究和纠正。一个制度设计比较健全、运作规范、监管得力即所谓公开、公平、公正的股市，其波动和走势主要取决于经济的基本面和上市公司盈利的变化。这样的市场，股民当然要风险自担，不可怨天，也不能尤人。前者即市场的框架或者说游戏规则是人力可以控制的，是政府的责任，后者即公司盈利所决定的股票价值则取决于经济规律，各国股市概莫能外。因此，可以说中国股市的问题在制度设计和监管方面。

关键是新股发行定价制度。客观来讲，过去20多年来，中国股市自设立以来一直就有各种激烈的争论和分歧，方方面面，包括监管机构、中介机构和投资者都为中国股市的健康发展作了大量的探索，特别是广大股民为中国股市的扩张作出了巨大牺牲，付出了沉重代价。自2011年下半年郭树清主席上台以来，也一直大力推进新股发行制度改革，抑制新股定价过高，鼓励上市公司现金分红，完善上市公司退市制度，提升股市投资价值，倡导价值投资理念。但时至今日，许多根本问题一直没有得到解决，我们还是没有走出把股民当傻瓜圈钱的时代，其中，最首要的、关键的问题就是我国的新股发行制度一直导致新股发行定价过高。

根据Wind数据统计，过去20年（1993—2012年）新股发行市盈率经历了3个大的阶段：1993—1998年6年市盈率只有10～14倍；2002—2008年7年市盈率17～29倍；2009年起在新股发行急剧扩张的同时，新股发行市盈率也在急剧提高，2009—2011年分别高达53、59和46倍左右，许多新股市盈率甚至高达70、80倍甚至上百倍。2012年以来新股发行市盈率明显回落，但依然高达30倍以上。这样高的市盈率转嫁到二级市场，给二级市场带来了极大风险，是二级市场很多年都难以消化的。其直接后果就是二级市场只能靠持续震荡下跌来消化这些风险。

更为严重的是，为了高价圈钱，不少新股发行都存在过度包装甚至虚假信息、恶意包装和欺诈上市的问题，给二级市场带来市盈率过高和业绩虚高不真实叠加的双重风险，严重坑害投资者。

因此，要减少二级市场风险，一个根本的问题就是要抑制新股定价过高。要解决这个问题，在目前条件下只能由监管部门对新股定价进行干预和限制，新股发行的市盈率不能超过二级市场同行业的平均市盈率。在这个问题上，要打破教条主义的市场化崇拜。有人片面理解市场化，把市场化过于教条化、简单化，本该市场化的地方却不讲市场化，直接限制普通投资者的交易行为；而在一个不完全的市场，又把市场化教条化，认为对新股定价不能干预。市场化不是没人监管的市场。现代公司制度就是所有权与经营权分离导致的委托代理制度，委托代理制度有两个难以克服的问题，即信息不对称和激励评价问题。股票市场是一个不完全的市场，不是一个自由竞争的市场，而是一个信息极不对称的市场。特别是新股发行，交易双方的信息极不对等，权利极不对等，义务极不对等。在这样一个市场强调市场化，只能是迂腐和不负责任。

专栏：　中国股市成立以来的几次政府救市

政府在股市上的驱动意识和宏观调控意识对投资者的投资行为有很强的导向作用，使得我国股民在政策的反应上存在“政策依赖性偏差”。统计数据表明：1992—2012 年初，政策性因素是造成股市异常波动的首要因素，占总影响的46%。由此可见，政策对我国股市的波动有着最主要的影响。我国股民在政策的反应上存在严重的“政策依赖性偏差”，在具体行为方式上表现为“过度自信”与“过度恐惧”偏差。投资者的交易频率主要随政策的出台与政策的导向发生着变化，利好的政策出台会加剧投资者的“过度自信”偏差，导致交投活跃，交易频率加快；而如果利空政策出台，投资者的“过度恐惧”偏差往往会使交易频率有较大程度的下降，下降趋势也持续较长的时间。因此，中国股市一直在“股市低迷——政策救市——股市狂涨——政策强抑——股市低迷”怪圈里循环。

股票是市场的产物，股市是资本市场，按照道理是不需要救的，因为市场有市场本身的规律，按着其本来的节奏运行就行。但是由于中国股市的定位就是一个融资场所，所以注定了关于股市的相关政策只能围绕融资这一主题来展开！当股市处于低迷阶段而失去融资功能时，政府就不得不来一个急救的疗法，就正如医院对行将死去的人的电击疗法一样！现在，让我们来回顾以往中国股市几次大的救市情况：

（1）1994 年救市。1993—1994 年，宏观经济偏热，通胀压力大，最终引发紧缩性宏观调控；同时在此期间股市进行大规模扩容！股指自 1993 年 2 月创出 1,558 点新高后一路下滑，至 1994 年 7 月上证综指一度下探至 325.89 点，仅仅 18 个月时间，股市跌幅高达 79.09%，相当惨烈！1994 年 3 月 14 日，证监会宣布“四不”救市政策：“55 亿新股上半年不上市；当年不征收股票转让所得税；公股、个人股年内不并轨；上市公司不得乱配股。”由于这个政策专门针对股市，不涉及财政和货币政策，只是将大肆抽血的开关暂时关一下，所以市场将其理解为短期利好！政策出台当天，大盘涨停收盘，并放出天量；随后剧烈振荡 3 天，重新掉头向下，一路滑落！1994 年 8 月 1 日，《人民日报》发表证监会和国务院有关部门共商稳定和发展股市措施的文章，推出“停发新股、允许券商融资、成立中外合资基金”三大利好救市政策。虽然这个政策仍然是“股市政策”，但是将放水的龙头打开了！利好政策出台后的第一个交易日股指急速飚升 33.2%，上证指数从最低的 325 点上涨到 1052 点只用了 33 个交易日，股市出现 8 月上涨狂潮。

（2）1996 年救市。当 1994 年的救市出台之后，股指大幅上涨，见到高点 1,052 点之后，重回下降趋势。1995 年到 1996 年初，大盘再度陷入低迷。经过连续的下跌，最低点探到 512 点！1996 年 3

月4日，国务院证券委下发文件《中华人民共和国国民经济和社会发展“九五”计划和2010年远景目标纲要》。3月4日市场再度出现大面积涨停。同时，从1996年起，中央银行实行稳健带扩张型的货币政策，增加了货币供应量，大量资金从储蓄中分流，给A股市场带来了大量资金。1996年5月1日，中央银行降息，存款利率平均降低0.98个百分点。8月22日，中央银行再次降息，存款利率平均降低1.5个百分点。这次的救市政策包含了两大政策：“股市政策”和“货币政策”，所以开始了为期1年的一轮大牛市！

（3）1999年救市。1996年的救市之后，股市上涨，从1997年见到高点之后，一路下跌，然后不断振荡，并阴跌至1,047点附近。5月19日指数突然上涨4.6%！这次上涨，表面上看没有政策利好，其实是消息已经提前泄露！果然，随后救市政策就出来了：6月1日，宣布降低B股印花税；6月10日，中央银行降息，同时降低存款准备金率、再贷款和再贴现利率。6月15日，《人民日报》再次发表特约评论员文章《坚定信心，规范发展》。9月8日，首次明确国有企业、国有资产控股企业、上市公司等三类企业，除可参与配售股票之外，还可参与投资二级市场的股票。这次的救市政策包括了“股市政策”和“货币政策”，力度很大！

（4）2002年救市。2001年7月，股市见到“5.19”跨年度行情的高点之后，在7月26日，国有股减持在新股发行中正式实施，股市开始暴跌。10月22日晚9时中央电视台报道，证监会宣布首发增发停止国有股出售。10月23日，市场再现大面积涨停。但是短暂上涨后，做了一个横向盘整中继调整形态，继续下跌，一直跌到了2002年1月29日，股指跌回1,339点。随后市场虽然也有大幅降息等消息，但股市仅仅弱势反弹！2002年6月23日，国务院决定：除企业海外发行上市之外，对国内上市公司停止执行关于利用证券市场减持国有股的规定，并不再出台具体实施办法。6月24日，市场出现井喷式的“6.24”行情，沪深指数当天几乎涨停！但是这次救市的行情，持续时间不长。“股市政策”对于下降趋势的市场而言，仅仅是强心剂而已！激情过后，市场重回下跌之路！

（5）2004年救市。2002年的“6.24”行情之后，股指继续下滑，到了03年11月份，见到了低点1,307点。市场开始见底回升。这次上涨，表面上看没有政策利好，其实大主力已经提前洞察！果然，2004年1月31日，国务院发布《关于推进资本市场改革开放和稳步发展的若干意见》，被简称为“国九条”。“国九条”出台当天，沪深股市放量大涨，随后三个交易日内继续攀升。但由于政策效应对市场的影响逐步淡化，在政策出台后的48个交易日上证指数仅上涨了11.56%，最高涨到1783点。以后则由于宏观调控、清查国债回购等原因致使股指下跌。由于这次的政策依然是“股市政策”，而没有同步的财政政策和货币政策出来，之后市场继续逐步滑落寻底，直到后来在998点见底！

（6）2008年救市。2007年10月份沪市疯狂发力，见最高点6,124.04点。指数上涨时完全不顾政策面的风险警示、印花税的提高等利空。直到美国出现次贷危机，世界性金融危机暴发，A股也走进了疯狂杀跌之路。短短一年时间，股市已经跌得面目全非，一直跌到2008年10月28日见最低点1,664.93点，跌幅达72.81%，甚为惨烈！管理层在股指跌到3,000关口时就暂停了IPO扩容，但市场仍然一跌下跌，在2008年10月28日见最低点1,664.93点。此次大跌虽然有世界性金融危机的原因，但主要是A股本身在2007年过于疯狂而要作的还债！在跌势市面前，管理层仍然不忘记大扩容，由于扩容过于疯狂，中国石油的上市，成为行情彻底转弱的分水岭：在2008年10月28日见最低点1,664.93点！

第五章
客观认识股市

股市永远风云变幻莫测，有涨就有跌，有赢家也有输家。自古至今以来，收益与风险就是一对“孪生兄弟”，高收益必然伴随着高风险。有人将股市比喻为大海，股市确实有如大海，平静的海面下往往暗流涌动，有通坦的航道，也有暗礁密布的险滩，有一派平和的蔚蓝景象，也存在着急风骤雨的夜雨咆哮。因此，在我们进入股市，准备享受投资收益的时候，我们有必要问问自己，有没有考虑到风险因素，有没有做好股海泛舟，激浪搏杀的物质和精神心理准备。

一、正确认识股票市场风险

任何一个准备或已经参与在股票市场中的投资者，在具体的投资品种面前，在将作出操作选择之际，都应认清、正视收益与风险的辩证关系，从而树立风险意识。狭义的股市风险是指由于经济变化的不确定性，或各种事先无法预料的因素的影响，造成股价的波动，从而使预期与实际收益发生偏差，给投资者带来资金损失的可能性。广义的股市风险不仅包括股价波动带来的资金损失，还包括投资者对证券法规、交易制度、操作规则不了解所带来的资产损失的客观存在。让读者客观认识股市，就是要告诫读者，进入股票市场可能会遇到风险，并在针对相应风险，建议读者可以采取的规避和自我保护的措施。

图：股市存在风险

股票市场是商品经济高度发展的产物，是市场经济中一种高级的组织形态———虚拟经济的表现。之所以称股票市场是高风险市场，是因为股票价格具有很大的波动性、不确定性，这是由股票的本质及其股票市场运作的复杂性决定的。股票的本质决定了股票价格的不确定性。从本质上来说，股票是一种价值符号，其价格是市场对资本未来预期收益的货币折现，受到政局、利率、汇率、通胀、行业背景、公司经营、投资大众心理等多种因素的影响，难以准确估计，这一本质属性，决定了以它为交易对象的股票市场从一开始就具有高风险性。

股票市场运作的复杂性导致了证券价格的波动性。各国股票市场的历史表明，股票价格围绕内在价值上下的波动过程，实际也是市场供给与需求之间由不平衡到平衡、由平衡到不平衡的循环往复过程，市场参与者利益不同，内部运作机制各不相同，不同的时间段，带来不同的价格平衡。

投机行为加剧了股票市场的不稳定性。在股票市场的运作过程中，投资与投机很难作出明确的界定，并且虚拟经济的不确定也允许投资与投机的转化。资本总是追逐利润的，投机资金的进退加剧了市场价格的波动。当投机行为超过正常界限，变成过度投机，则市场风险突现。股票市场风险控制难度较大。股票市场涉及面广、敏感度高，任何重大政治、经济事件都可能触发危机，对市场中的所有风险因素难以全面把握、控制。

图：交易大厅的股民

投资者向股票市场投入资金买入股票，一般的出发点就是期待获得高过同期储蓄利息的投资收益回报，然而无论是成熟股市还是新举市场，价格波动总是客观存在的，投资者有可能在盲目投资之下，出现高位买进股票而股价下跌市值受损的局面，收益率未必能够如最初所愿。低买高卖是理想的投资操作，然而在经济形势变化、趋势转向、公司基本面变化之际，投资者信心受挫而出现高买低卖的现象也是屡见不鲜。同时，由于对市场规则的不了解、对交易制度未尽心，也可能出现股票交易过程中蒙受不白之损失的情况。为此，我们有必要对现存的风险有一定的认识和分类。从风险与收益的关系来看，证券投资风险可分为系统性风险、非系统风险以及其他交易过程风险。

（一）系统性风险

成熟的股市是“国民经济的晴雨表”。宏观经济形势的好坏，财政政策和货币政策的调整，政局的变化，汇率的波动，资金供求关系的变动等，都会引起股票市场的波动。对于证券投资者来说，这种风险是无法消除的，投资者无法通过多样化的投资组合进行证券保值，这就是系统风险的原因所在。系统性风险主要包括以下四类：

（1）政策风险。政府的经济政策和管理措施可能会造成证券收益的损失，这在新兴股市表现得尤为突出。经济、产业政策的变化、税率的改变，可以影响到公司利润、债券收益的变化；证券交易政策的变化，可以直接影响到证券的价格。因此，每一项经济政策、法规出台或调整，对股票市场都会有一定的影响，从而引起市场整体的波动。

（2）利率风险。一方面，上市公司经营运作的资金也有利率成本，利率变化意味着成本变化，加息则代表着企业利润的削减，相关证券的价值反映内在价值，必然会伴随着下跌；另一方面流入股票市场的资金，在收益率方面往往有一定的标准和预期，一般而言，资金是有成本的，同期利率往往是参照标的，当利率提高时，在股票市场中寻求回报的资金要求获得高过利率的收益率水平，如果难以达到，资金将会流出市场转向收益率高的领域，这种反向变动的趋势在债券市场上尤为突出。

（3）购买力风险。在现实生活中，由于物价的上涨，同样金额的资金未必能够买到过去同样的商品。这种物价的变化导致了资金实际购买力的不确定性，称为购买力风险，或通货膨胀风险。同样在股票市场上，由于投资证券的回报是以货币的形式来支付的，在通货膨胀时期，货币的购买力下降，也就是投资的实际收益下降，将给投资者带来损失的可能。

（4）市场风险。市场风险是证券投资活动中最普遍、最常见的风险，当整个股票市场连续过度上涨，股价已远离合理价值区域之后，股价上涨主要依靠资金简单流入堆砌，即所谓的“投机搏傻”，趋势投机代替了价值投资，但泡沫总有破灭的一天，当后继投资者不再认同没有价值支撑的股价，市场由高位回落便成为自然，这种转折趋势一旦形成，往往形成单边没有承接力的连续下跌，这在过去世界各国的股灾中已被证明，这也是市场参与者无法回避和必然接受的风险。

专栏：　　银行股走势缘何与其业绩背离

根据英国《银行家》杂志2012年7月公布的全球1,000家最大银行排名，2011年中国银行业利润几乎达到全球银行业利润的1/3（29.3%）。中国的工、农、中、建四大行都是世界银行业中排名前十位的公司。其中工行总资产排名全球第三，盈利额排名全球第一。参照国际资本市场上银行股的价格及市盈率，按照国际股市的公允价格，中国的银行股股价都应普遍在10元以上。

图：银行股被猎杀

可是，沪深股市中的银行股走势却与业绩背道而驰，股价严重低估，年年探低。以中行为例，按2012年10月22日的A股收盘价，换算一下，每股仅0.435美元。要知道，在西方国家股市上，即使一些业绩平平甚至亏损的银行股，股价也值几美元十几美元，更何况是年年业绩大幅增长的银行股？很多人对此现象觉得匪夷所思。深入探究其中的缘由，颇为复杂。

首先，2008年以来，全球陷入金融危机和经济衰退。由于很多西方国家的金融控股公司和大型资本集团面临史无前例的大危机，需要巨额资金去救助母公司，尽管他们知道中国银行股是优质海外资产，因为急需救命钱，也只能抛售。据估算，西方国家的金融控股公司抛售的中国银行业的股票数，占了他们当初买进总量的2/3以上，套现盈利资金总量达到数千亿元。虽然这类抛售行为集中在香港股市，而香港股市与沪深股市原本就存在着相关的联动作用。西方金融控股公司大量抛售中国的银行股，造成中国银行股的股价逐级下跌，是中国银行股价格与业绩背道而驰的重要原因之一。

其次，中央银行大幅提高银行准备金率，抽走了金融市场大量资金。按照正常的经济和金融状况，银行准备金率，通常控制在8%～12%之间。而在美联储为给美国金融机构和金融市场输血、转嫁金融危机而实行“在直升机上撒钱”的超级宽松货币政策，导致全球通货膨胀率高涨之后，为了抑制输入型通货膨胀的巨大压力，中国中央银行实行了银行准备金率逐步提高的货币调控政策，逐渐将中国银行的准备金率提高到22%。准备金率每提高一个百分点，中央银行就在中国金融货币流通体系中抽走9,000亿至10,000亿左右资金，遂使金融市场资金相对紧张。

其三，银行股分配方案令投资者失望。银行业的业绩近年来年年大幅递增，但股民盼望的大比例分红愿望却年年落空。银行股为什么总也不愿大比例分红？这是股市投资者常常提出的疑问。

银行业绩年年大幅增长是事实，可在中央银行准备金率大幅提高的情况下银行缺少现金也是事实。如果银行大比例分红，到头来恐怕还不得不继续从股市筹资。这样就造成银行与股市投资者之间的资金重复周转运作关系，而且先向股市投资者分红，再继续向市场融资，无疑会增加市场投资者对银行股筹资的厌恶感，有损银行业的形象。多重限制下，中国银行业现在一般采取向大股东定向增发和发债券等方式筹资，这在避免给股市增加市场压力的同时，也留下了分红方案总令投资者失望的遗憾。

其四，境内外总有一股恶意唱空、做空中国经济，做空沪深股市的势力，他们有的顶着“经济学家”桂冠，或者挂着“财务专家”牌子，他们审时度势，时不时对中国银行业发出各种不负责任的“预测”，制造中国银行业要大幅亏损、前景恐怖之类的耸人听闻的分析报告。虽然近几年每年发布的中国银行股的靓丽业绩报表让这些“预测”一一落空，但这些“预测”还是对投资者的投资心理产生严重的负面影响。

其五，任何事物都有两面性，沪深股市开通了股指期货和金融衍生品的融券做空功能，在丰富了交易品种、增强了市场活跃度的同时，也给投机资金利用市场低迷，利用“大盘股炒不上去，砸下来容易”的特点，肆意做空大盘银行股提供了空间。原本投机资金是资本市场中的润滑剂，是单纯以赚钱为本能的资金力量，股市中存在投机资金是正常现象。但股指期货和融资融券的做空功能，具有助涨助跌作用，在跌势中助跌作用更大。不能不说，这也是沪深股市中的银行股股价一蹶不振的原因之一。

是金子总会发光。经历了近5年来国际金融危机的考验，中国银行股是真正值得长期投资的蓝筹股的理念，已被大多数投资者所接受。只是眼下全球经济形势仍不明朗，而中国经济又进入了减速阶段，很多人因此在等待观望，以选择最佳的投资时机。笔者认为，银行业所取得的利润还是在银行账户中每年累积着，随着通胀压力的减轻，以及国民经济发展需要的变化，银行准备金率维持在超高水平的情形不可能长期持续。而若按正常情况下的银行准备金率8%～12%之间的比例计，中央银行将会返还银行的准备金资金达10多万亿。届时，银行业将迎来丰厚的分红期，银行股也将迎来大牛市。

（二）非系统性风险

单只股票价格同上市公司的经营业绩和重大事件密切相关。公司的经营管理、财务状况、市场销售、重大投资等因素的变化都会影响公司的股价走势。这种风险主要影响某一种证券，与市场的其他证券没有直接联系，投资者可以通过分散投资的方法，来抵消这种风险。这就是非系统风险，主要包括以下四类：

（1）经营风险。股票市场交易股票的价格，从根本上说是反映上市公司内在的价值，其价值的大小由上市公司的经营业绩决定。然而，上市公司本身的经营是有风险的，经营上潜在着不景气，甚至失败、倒闭的风险，从而造成投资者收益本金的增加或损失。

（2）财务风险。财务风险是指公司因筹措资金而产生的风险，即公司可能丧失偿债能力的风险。公司财务结构的不合理，往往会给公司造成财务风险。形成财务风险的因素主要有资本负债比率、资产与负债的期限、债务结构等因素。投资在投资股票时，应注意对公司报表的财务分析。

（3）信用风险。信用风险也称违约风险，指不能按时向证券持有人支付本息而使投资者造成损失的可能性。主要针对债券投资品种，对于股票只有在公司破产的情况下才会出现。

（4）道德风险。道德风险主要指上市公司管理者的道德风险。上市公司的股东和管理者是一种委托—代理关系。由于管理者和股东追求的目标不同，尤其在双方信息不对称的情况下，管理者的行为可能会对股东利益造成损害。

（三）其他交易过程风险

股票市场投资运作的复杂性，使投资者面临交易过程中的种种风险，包括由于自己不慎或券商失责而招致股票被盗卖、资金被冒提、保证金被挪用，以及信用交易不受法律保护、买卖操作失误、接受不合规的证券咨询导致损失等风险。必须提醒投资者注意交易过程中的有关事项，学会自我保护，尽可能地降低交易过程的风险。

（1）选择证券公司不当可能潜在的风险。证券公司及其营业部管理和服务质量的好坏直接关系到投资者交易的效率和安全性。如果投资者随意选择一家证券公司的营业部，或单纯就佣金的高低选择不合规范的委托代理机构，就有可能遇上以下风险：①因证券公司经营不善招致倒闭的风险；②因证券公司经营不规范造成保证金及利息被挪用，股息被拖欠的风险；③因证券公司管理不善导致账户数据泄密、股票被盗卖、资金被冒提的风险。

图：上海证券交易所交易大厅场景

（2）操作性风险。操作性风险是因结算运作过程中的电脑或人为的操作处理不当而导致的风险，大致可以分为两类：一类是由于电脑自身软、硬件故障在市场火爆时仍可能导致行情数据、委托交易延误，从而使投资者错过时机，造成投资损失。这类风险分为不可抗风险和可以向券商追索赔偿两种，投资者可以根据是否不可抗力造成，通过法律途径申请自己的正当主张，以降低风险的损害程度。另一类，则要从投资者自身的知识层面去寻找问题所在。目前市场中金融创新不断增多，不同交易品种、交易方式存在着不同，比如，债券的面值及如何正确报价、权证价格涨跌停幅度如何计算、新股上市以及股改实施后首日复牌价格涨跌幅限制等等，相应的知识需要投资者积极主动地去学习，否则，股票市场中每每发生异常交易，不白的损失结果就有可能发生在你的身上。

（3）不合规的证券咨询风险。随着参与股市的投资者的增加，对咨询和咨讯的需求也在上升，证券投资咨询业务受到了空前重视，证券咨询机构鱼龙混杂，既有正规券商研究机构对相应开户投资者的日常咨询，也存在着非法证券咨询机构利用投资者急于找到“牛”股的心态，以加入会员、缴纳会费、推荐个股的方式吸引投资者，由于法律责任的不明确，投资者可能在其误导下进行错误操作，从而导致不必要的损失和难以明确责任的纠纷。

二、正确应对股票市场风险

股票市场的风险客观存在，与收益相生相伴，广大读者应在入市之前做好准备，不妨多加学习相关的证券投资知识，多了解、分析和研究宏观经济形势及上市公司经营状况，增强风险防范意识，掌握风险防范技巧，提高抵御风险的能力。同时，也要学会以法律武器保护自己，选择规范的证券公司合规操作，选择具有一定公信力的咨询机构辅助指导自己的投资。

（一）规避操作流程风险

（1）选择信誉好的证券公司和正规的咨询服务。证券公司及其营业部管理和服务质量的好坏直接关系到投资者交易的效率和安全性。根据国家规定，证券公司及其证券营业部的设立要经过主管部门的批准。投资者在确定其合法性后，可依据其他客观标准来选择令自己放心投资的营业部和咨询服务平台。这些标准主要包括：①公司规模；②信誉；③服务质量；④软硬件及配套设施；⑤内部管理状况。

（2）签订指定交易等有关协议。投资者选择了一家证券公司营业部作为股票交易代理人时，必须与其签订《证券买卖代理协议》和《指定交易协议》，形成委托代理的合同关系，双方依约享有协议所规定的权利和义务。投资者一旦采用指定交易方式，便只能在指定的证券公司营业部办理有关的委托交易，而不能再在其他地方进行证券买卖。当然，投资者也可以在原来的证券公司营业部撤销指定交易，并重新指定新的证券公司或营业部进行交易。

（3）切忌进行不受法律保护的信用交易。信用交易又称“保证金交易”，指投资者按照法律规定，在买卖证券时只向证券公司交付一定的保证金，由证券公司提供融资或融券进行交易。目前，我国关于信用交易的法规制度还在探索和制定中，投资者切勿在还没有明确的法律保护之际，就急切通过“透支”扩大交易规模，那样做只会无端地增加风险。

（4）防止股票盗卖和资金冒提。投资者股票被第三人盗卖及保证金被冒提主要有两个原因：一是股民的相关证件和交易资料发生泄露，使违法者有机可乘；二是因证券公司管理不严等因素使违法者得以进行盗卖。投资者必须在日常投资实践中增强风险防范意识，尤其要注意以下事项：①在证券营业部开户时要预留三证（身份证、股东卡、资金卡）复印件和签名样本；②细心保管好自己的三证和资金存取单据、股票买卖交割单等所有的原始凭证，以防不慎被人利用；③经常查询资金余额和股票托管余额，发现问题及时处理，减少损失；④注意交易密码和提款密码的保密；⑤不定期修改密码；⑥逐步采用自助委托等方式，减少柜台委托。

图：深圳证券交易所上市大厅

（5）认真核对交割单和对账单。目前A股交易采用“T+1”交收制度，即当天买卖，次日交割。投资者应在交易日后一天在证券营业部打印交割单，以核对自己的买卖情况。如投资者发现资金账户里的资金与实有资金存在差异，应立即向证券营业部查询核对，进行交涉。投资者在需要时，还可以向证券营业部索取对账单，核对以往交易资料，如发现资料有误，投资者可向证券营业部进行查询核对。

（二）应对证券价格波动的风险

（1）树立正确的投资观念。自从股票市场存在的那一天起，风险就不可避免地存在着，就和每一个证券类媒体所反复强调的那样，“市场有风险，入市需谨慎”。而对于投资者来说，要充分认识到这个市场的本质，从自身的理念上去回避助长风险积累的情况发生。

如果你的风险承受能力很强，涉足股海对你也许只是轻松泛舟；当然，你也可能在不经意间遭遇风浪覆舟，你的投资品种可以偏重于收益风险相对较高的股票，可以参与一些短线题材个股的运作。

如果你有一定的风险承受能力，但在心态、投资知识方面还需进一步加强，你的投资对象可以偏重于相对稳健的中、长线投资品种，多从基本面选股，中线持有少，做短线投机差价也许比较适合你的性格。

如果你不太适合高风险的投资，建议先从风险比较小的投资品种做起，证券投资基金可能是你初涉股海的良师益友。如果直接涉足股海，投资品种选择上可以尽量找一些分红回报较好、股息率较高的长线股。

（2）学习一些必需的投资分析知识。股票市场本身就是一门非常广泛而深奥的学问，当然一般普通投资人很难研究透彻，但是若想成为一个稳健而成功的投资人就必须花些心血和时间去研究一些最基本的证券知识，包括对公司的财务分析，包括预测分析市场波动的技术理论等。

（3）认清投资环境，把握投资时机。股市与经济环境、政治环境息息相关，经济衰退、股市萎缩、股价下跌；反之，经济复苏、股市繁荣、股价上涨，政治环境亦复如此。这也就是说在投资前应先认清投资的环境，避免逆势买卖。

（4）确定合适的投资方式。股票投资采用何种方式，因投资人的性格和空闲时间而定，一般而言，不以赚取差价为主要目的，而是想获得公司红利或参加公司经营者多采用长期投资方式。本身有职业，没有太多时间关注股票市场，而又有相当积蓄及投资经验的，适合采用中期投资方式。时间较空闲，有丰富经验，市场感觉灵敏的投资者可采用短线交易的方式。

（5）制定周详的资金运作计划。投资者可以根据自身的偏好选择合适的投资品种，股票、基金、债券具有不同的收益并对应不同的风险水平，以投资组合的方式参与股票市场，而不要将所有资金集中于单个股票，树立正确的投资收益预期和止损标准，选股贵在精而不在多。

（6）上市公司的基本面是股价的基础。从本质上来讲，股票仅仅是一种凭证，其作用是用来证明持有人的财产权利，当持有股票后，股东不但可参加股东大会，对股份公司的经营决策施加影响，且还能享受分红和派息的权利，获得相应的经济利益，上市公司的盈利能力，所对应的净资产大小，以及未来这种盈利能力和资产变化的趋势预期，反映了股票的内在价值。

股价不可能长期脱离其内在价值，价格过度的超越价值必不会长久，也是风险积聚之源，需要投资者提前作出预判，对于经验不是很足的新入市投资者，火中取栗的操作行为还是应当尽量避免。投资者要用动态的眼光看待指数的高低，但股价走势如果已经大幅透支了上市公司未来业绩的增长，此时的风险就要引起警惕。

（7）用技术分析来预判趋势。系统性风险无法回避，如突发事件、政策、经济、军事变化带来投资者心理的波动无法提前预知，但有时股票市场过热后的系统性风险，可以通过确认一些重要信号提前有所警示。投资者对于技术指标的含义，有必要做一定了解和学习，指标分析并不是万能的，在一定阶段可能会失效，但技术分析可以帮投资者了解市场的买卖力量对比、风险收益的平衡，对于把握趋势有较强的帮助。技术分析三要素：历史会重演，但不会简单重复；走势反映了信息的变化；趋势是连续的。

专栏：　　股市人物——王亚伟

1971年9月，王亚伟出生于安徽省马鞍山市一个知识分子家庭。青少年时期王亚伟学习成绩非常突出，如今马鞍山第二中学的对外介绍中还能找到他的名字。

1989年，他以安徽省高考理科状元的成绩进入清华大学。因为成绩优异，可以挑选最好的建筑和电子等专业就读，家里人考虑到他哥哥是学电子的，抱着“兄弟俩将来从事一个行业多好啊”的想法，建议他选择了电子专业。

但是当真正接触和了解电子专业的时候，他才发现自己的兴趣不在这里，于是便选修了清华大学经济管理学院的企业管理双学位。其中有一门证券投资课，王亚伟觉得很有意思，开始对股市产生了兴趣。那时候有关证券投资方面的书还不多，他就把几乎能够借阅到的书统统拿来看，越了解这个行业越着迷。

1994年，获得双学位后的王亚伟进入当时刚成立的中信国际合作公司，他在这家公司工作了仅一年，最后的3个月开始接触证券投资业务。

最终，对王亚伟的职业生涯产生深远影响的是华夏证券。华夏证券成立于1992年10月，是国内成立较早的全国性证券公司。

1995年，王亚伟进入了华夏证券公司营业部，这是当时国内最大的一个营业部。是一个直接与大量大客户接触的部门，他自己说，在这个部门，他学会了基本面研究，同时，为他以后人脉网络奠定了基础。很快，王亚伟就成为了北京东四营业部研究部的经理。

这段时期，他迷恋上了彼得·林奇。彼得·林奇是业界公认为最成功的公募基金经理。1977 年，彼得·林奇在成为麦哲伦基金的基金经理人后的 13 年，复合收益率高达 29%。林奇 13 年间买过 15,000 多只股票，许多还买卖了多次。王亚伟其后的频繁换仓风格与之有几分相似。

1998 年，国内的基金业开始启动。同年 3 月，华夏基金管理公司开始筹建，王亚伟跟随后来的华夏基金总经理范勇宏加入筹备组。那时，基金业才刚刚开始。正值庄家肆虐的时期。诸多恶庄都成名于这个时代。中国基金业的诞生在某种程度上是为了立下行业规范。王亚伟在耳濡目染“庄股”文化中摸索着自己的投资风格。

1998 年 4 月 28 日，华夏基金旗下第一只封闭式基金——基金兴华成立，王亚伟最初任基金兴华经理助理，1999 年起，正式担任经理，时年 28 岁。据王亚伟以前一起共事的一位同事回忆，王亚伟与其他基金经理相比，更加勤勉万分。每天至少要在办公室里工作到晚上 10 点以后。他的盘面感觉很好，拥有十足的交易天赋，与只擅长基本面研究的基金经理不同，他看着盘面，就能迅速作出准确率较高的判断。勤奋加天分，使王亚伟初获成果，1999 年，基金兴华净值增长在同行业中排名第五。

2001 年 12 月起，王亚伟开始担任华夏成长的基金经理。由于误判形势，从 2003 年开始，华夏成长业绩不断下滑，最终沦为倒数第一。王亚伟的失利主要由于 2003 年市场上演了一场单边上涨行情。当年擅长奇兵出击的王亚伟自然不敌重仓且持股不动的其他基金。

2005 年 4 月，王亚伟选择出国进修半年。2005 年 12 月，王亚伟担任华夏大盘精选基金经理。之后由于股改，中国股市进入了大牛市。2006 年，华夏大盘以 154.49% 的业绩在 118 只基金中排名第 12。对应上证综指涨幅达到了 130%，而同期净值增长超过这一数字的基金有19只。这个时期，王亚伟的风格已经成熟，可以适应各个市场的变化。2007年，华夏大盘基金气势如虹，华夏大盘精选基金更以226%的净值增长率高居国内各类型基金之首，比第二名高出35个百分点，其净值增长率是同期上证综指涨幅的2.33倍。

一时间，华夏大盘成为万众瞩目的牛基，王亚伟则获得“中国最赚钱的基金经理”的殊荣，一举将基金金牛奖、明星奖、最佳表现奖、最高回报奖、最受欢迎奖尽数收入囊中。王亚伟成为行业内外瞩目的明星人物。

真正确立王亚伟在基金业中地位的，则是2008年的大熊市。2008年华夏大盘在股市暴跌中成为基金抗跌亚军。“熊市跌得比别人少，牛市涨得比别人快”。这一辉煌业绩，让许多基金经理和基民对王亚伟倍加推崇。2008年的10月23日，华夏策略精选基金成立，王亚伟出任基金经理。截至2008年底，华夏基金旗下共有19只公募证券投资基金，公募资产净值总额达到1,888.62亿元，市场份额高达9.74%，位居全部61家基金公司第一位。2008年度第四次获得“金牛基金公司”奖，更有8个产品摘得金牛单奖。

2009年基金涨幅榜前三名的华夏大盘精选、银华核心价值优选、新华优选成长收益率都超过了110%。华夏大盘精选是在2009年最后一天胜出！以不到0.1个百分点的优势小胜银华核心价值优选。为此王亚伟当选2009年“股基王”（股票型基金的王者）。

2010年7月1日，《福布斯》中文版发布了2010中国十佳基金经理榜。华夏大盘精选基金经理王亚伟以48.17%的超越基准几何年化收益率，又一次登上了2010年股基冠军的宝座，连续两年夺冠。

（三）一些有益的操作建议

（1）树立良好的投资心态和投资习惯。在股市走势难定，利多利空纷杂之时，投资人应采用某种策略来应对。实现持股与持币动态良性的平衡，是投资立于不败之地的基本功，股票市场的调整下跌并不可怕，下跌是风险释放的过程，下跌过后将出现逢低买入的良机，但可怕的是投资者不懂得管理投资，满仓或空仓均是在单边市背景下不理性的操作习惯，会面临后继无着，无力自救的危局，定时画出投资收益曲线：收益的变化也如股票K线的变化，不会一路飙升，也不会一路走低，在适当的时机，应做好清理投资思路、整合持仓、确定下一步操作方针的工作。

（2）先搜集资讯再投资。投资人应该花点时间去问“为什么”，探究个股和大盘波动的理由，这些资讯应该在下投资决定、采取行动之前就搜集好，搜集的资讯将成为你拟定有效投资策略的依据。而不是在作出了操作之后，再去找相关信息。投资股票市场，买卖股票操作不能盲目，投入资金入市必要的功课有很多，但概括起来，完成一项投资的路径应是清晰的：把握经济局势—认清投资对象—了解证券行情—谨慎选择证券—窥探市场心理—作出最终投资决定。

（3）构建投资组合。进入股票市场必须记住一个基本原则，股票市场最终会对额外的风险给予报酬，总体上来讲，承担高风险才能获得高收益，如果追求金融资产的安全性，就只能得到较低的收益，因此，管理投资组合的前提是确定你的收益目标和风险水平，股票、基金、债券，货币，风险由大到小，收益水平也由高到低。

（4）避免过度地、频繁地操作，脚踏实地的从事证券投资。过度操作和沉迷于短线，对于任何投资策略都是致命伤，太多的交易会被短暂的市场波动上搓下洗，很难积累利润，过多的买进卖出，不仅仅交易费用上升，还会引起趋势方向判断的失误，选股上也会顾此失彼，最终导致心态的失衡和投资的失利。投资策略应保持连续性，需要投资者有连贯的操作思路，保存好你的交易纪录，定期回顾总结经验教训，设好止损、止盈价位，以便养成良好的操作节奏和习惯。

三、客观认识中国当前股市

股市是反应一个国家经济发展的晴雨表，维持股市的稳定和有序经营有利于一个国家的经济发展。我国的股市自 1990 年 12 月诞生以来，走过了变革中的 22 年。尽管中国股市的改革与发展取得了长足进步，但总体上来讲，市场基础依然薄弱，市场内在基础与市场快速发展不相适应的矛盾仍然十分突出。目前，中国股票市场依然是“新兴加转轨”的市场。作为现代市场经济最活跃的组成部分，股票市场改革一直处在中国各项改革的前沿，也确实发生了转折性变化。但中国股票市场从建立至今不足 20 年，在发展起点上面临着与成熟市场迥然不同的初始条件和外部环境，资本约束不到位，市场约束机制不健全，法律制度、信用体系和监管模式不完善。市场股权结构特殊，机构投资者比例偏低，市场股权文化亟待培育。

新兴市场意味着不成熟，其本质是高波动率；转轨意味着股市今后向成熟市场发展。在股市变革过程中，大部分投资者都将为之付出代价，一部分将成为先驱，也会造就一批富豪，能够在腥风血雨中幸存下来的投资者必定成为最大的赢家。我们必须立足于“新兴加转轨”的阶段性特征，研究现阶段中国股市的特色。

特色一：为国企解困，股市成提款机。股市交易成本费用超越上市公司分红总额，大量 IPO 和上市公司的再融资，从整体上意味着投资 A 股就是“零和戏”，市场的全体参与者必定赔钱。在成熟股票市场，股市成长的原动力是上市公司的分红，而中国上市公司能够大方分红者寥寥无几。上市公司分红不透明、无诚信、随意性强，许多上市公司更是长期一毛不拔。上市公司的股东意识、责任意识和诚信意识淡漠。股民错将股市当赌场，没有投资者或股东的到位监督，上市公司把股市当成提款机。沪综指从 6,124 开始向下调整的大熊市中，中国平安董事会会议竟然通过了规模庞大的再融资计划，在 A 股上市近一年后，平安再次开启融资“阀门”，拟融资额总计近 1,600 亿元，创 A 股史上最大再融资，可见上市公司的圈钱已经到了疯狂的地步。

在众多上市公司中，不乏一些困难的、效率低下的国有企业，这些公司靠上市圈到钱后来维持企业的生存。可是大多数这样的企业，因为本身缺乏适应市场的竞争力，圈钱补充也只是解决一时的问题，解决不了一世。于是就有了改善上市公司质量，搞配股、搞增发，搞可转债。可是数年如一日，上市公司始终没有根本性改变。20 世纪 90 年代第一绩优股四川长虹每股盈利接近 3 元，每股净资接近 7 元，当时股价 60 多元，放到现在其估值也算合理，而短短一两年内，由股市第一绩优股蜕变为亏损股，股价跌到了可怜几元钱。另一绩优股春兰股份更惨，早已退市。正如股市中的经典评论一样：我为国企做贡献，国企为我做棺材。

图：股市成提款机

特色二：信息不对称，监管需规范。在中国股市，往往上市公司出利好之前大涨，利好出来后又大跌。例如，江钻股份资产注入摆乌龙：在股改时承诺一年内将集团最优资注入上市公司，而一年后集团竟将旗下亏损机械厂高价注入，公告发布后，江钻股份二级市场股价一泻千里。自 2008 年 3 月中旬的 28. 30 元直跌至 4 月 22 日的 10. 74 元。6 月 14 日公告三机厂的评估作价后，市场继续用脚投票，股价最低跌至 7. 70 元，跌幅超过七成，包括基金在内的众多投资人损失惨重。而早知道此方案的先知先觉者们逃之夭夭，无数小散被套其中。再如 2009 年的 IPO 重启，首单三金药业产生的背后，信息不对称再次暴露无遗，颇耐人寻味。在首单公告前，有关三金药业和万马电缆已获 IPO 批文的传闻满天飞，上述两家公司的承销券商有关人士却称还没有获得相关消息。另有媒体报道称，当日 17 时许致电证监会相关部门，得到的明确回复是，截至现在尚不知道有企业拿到批文。然而，一天之后，事实证明传闻并非只是传闻。在三金药业核准发行新股问题上，市场上再次出现了“先知先觉”者。而此事例亦说明，规范信息披露，更应该从监管部门自身做起。

特色三：涨过头跌过头，猴市特征明显。回顾中国股市，年平均波动率接近60%，成为世界上最猴的市场之一。从上证指数来看，从2005年6月6日998点起步，在短短的两年时间内猛涨到2007年10月16日的6,124点，又在1年时间内跌到2008年10月28日的1,664点，很多股票在基本面没有发生多大变化的前提下，股价下跌70%~80%。在高波动率背后是股市高换手率，中国股市换手率是香港市场的10倍，是新加坡市场的十余倍，如果把大盘看成一只股票的话，就可以理解中国股市的高波动性了。反观美国道琼斯工业平均指数，波动性近几十年来很少超过20%，进入20世纪90年代之后更是经常保持在10%以下，通常股市下跌20%称为熊市，下跌30%就称为股灾了，股价总是围绕价值波动，比较好地揭示了经济学的概念。

专栏：　　中国股市缘何无法挣脱IPO之网

在中国证监会主席郭树清任职一年间，A股市场的市值从28.02万亿元减少到24.54万亿元，蒸发3.48万亿元；上证综指则从一年前的接近2,500点下跌到目前的2,000余点，跌幅已经远超15%。毫无疑问，仅凭这两个指标，投资者就可以对郭树清投下一张不满意的票。

回想一年前，郭树清刚上任的时候，A股市场的情况虽然还不像现在这样糟糕，但市场人气也十分低落，因此，投资者对他寄予了很高的期望，有多位在市场上有点名声的专家甚至在网上发表公开信，在肉麻地吹捧他一通后，积极地向他提出救市建议。当时，郭树清对此也表示出了热情的回应，一年来，郭树清领导下的证监会频频推出新的措施，期望振兴A股市场。但是所有这一切尽管获得了不少好评，可惜的是，市场不会因为这些溢美之词的存在而给郭树清面子。

其实，就像一年前没有必要在郭树清上任之时对他寄予太高期望一样，今天，面对A股市场更差的现实，我们也不应该要求郭树清承担太多的责任。A股市场的根本性问题在于过度泛滥的融资功能抑制了投资功能的发挥，而企业的融资大都有政策面上的支持，证监会作为政府的一个部门，对此不仅不可能产生阻挡作用，反而必须全力配合。据媒体统计，在郭树清上任一年来，证监会已经出台了70余项新政，但这些新政看似热闹，却没有一个触及A股市场的这一根本问题，都只是在市场的“边边角角”做些零打碎敲式的修补，有的甚至越补越麻烦。而当市场上不断出现暂停IPO、暂停新股上市的呼声，触及到目前市场的根本问题时，证监会则坚决地表示拒绝，其中深层次的原因就是它不具有这方面的权力。即使IPO已经泛滥为圈钱，一些并不急需资金的企业挤进IPO队伍，证监会也只能向其敞开大门。

图：A股无法挣脱IPO之网

现在，发展资本市场已经提到了非常高的高度，但是，这对投资者来说，不见得就是好事。20来年的A股市场发展实践已经证明，政府重视资本市场，其目标在于利用它的融资功能来为企业服务，20 世纪 90 年代是为大量经营不下去的国有企业脱困服务，银行已经不愿意向他们放贷，就利用股市来为这些企业输血；进入 2000 年后的数年间，A 股市场又成为推动央企上市融资的工具，那些央企身为“共和国长子”，其实并不缺钱，即使缺钱也不可能得不到银行信贷的支持，但它们向股市伸手的劲头却一点也不差，以中石油为代表的一批央企大盘股的 IPO 对 A 股市场的伤害直到今天仍然时常发作；最近几年，随着创业板的建立，股市上出现了一大批中小企业，但其中更多的是有复杂背景的家族企业，因此，所谓的创业板事实上已成为既得利益集团的天堂，而由于证监会在 IPO 上推行所谓的“市场化”，它们可以利用这种机制方便地推出高定价，更贪婪地吞噬投资者的血汗。经过 20 多年的发展，A 股市场已经织就一张错综复杂的“IPO 之网”，很显然，郭树清作为体制中人，已经深陷于 A 股市场的这张“IPO 之网”，期望他响应市场呼声，在 IPO 上推行真正的改革，实际上就是要求他挣脱这张网的束缚，向他提出这个要求，无疑是不现实的。

图：股价下跌给股票增发蒙上阴影

A股市场的问题，是一种制度性问题，“IPO之网”的出现是这种制度性问题最为集中的表现。以郭树清所处的地位，他对此不会缺乏认识，但“人在江湖，身不由己”，他所处的地位决定了他不可能将矛头指向于这个制度性问题，他也没有能力来改变这一切。因此，投资者其实可以“遗忘”郭树清，没有必要把振兴股市的期望寄托在他一个人身上。相比于身处权力场中的郭树清，投资者更没有能力来打破这张“IPO之网”，那么我们惟一能够做的就只能是远离这个市场，特别是远离高价的IPO，这样也许丧失了一些交易性机会，但也可以不受这张网的伤害，如果有众多的投资者对IPO说“不”，这张网就会“萎缩”，这就是市场的力量。但是，当真正的市场力量能够改变目前IPO的贪婪状态时，郭树清和他领导的证监会能够听之任之吗？

四、客观认识中国股市取得的成绩

中国股市20多年的发展，是一个制度不断完善、监管逐渐严格的过程。尽管距离公平、公正、公开的规范市场还有比较长的一段路要走，但是中国股市在改革中不断创新，风雨兼程，快速成长，取得了令人瞩目的发展成就。

1. 有力地推动了中国计划经济向市场经济的转轨。中国股票市场的诞生与发展，逐渐改变了过去靠国家财政、银行等计划融资的体系，转而通过价格发现功能进行市场化的社会资源配置；股票市场的发展也加速政府职能转变、推动企业股份制改革以及规范和完善市场的法制环境等方面也发挥了不可替代的作用，有力地推动了中国计划经济向市场经济的转轨。

2. 促进了国有企业改革转型与现代公司治理制度的建设。改革开放以来，中国在实施国有企业改革中，曾经尝试过很多方式，其中有承包制、利润分成、租赁、利改税、股份制等，但是经过时间的检验，唯有股份制改革，才能促进中国国有企业改革和经济改革顺利完成。股票市场的出现，不仅解决了国有企业的资金问题，也促进了国有企业规模的扩张、质量的提高以及公司治理结构的完善，为国有企业做大、做强创造了条件。

中国股票市场的发展也推动了混合所有制的繁荣发展。通过在企业上市融资、收购兼并、资产重组等方面的完善和发展，改变了国有企业一统天下的格局，不仅为非国有企业提供了多样化的融资渠道，还有力地推动了这些企业公司治理结构的完善和经营管理体制，提高了企业的竞争力。

3. 培养了大量的企业家和证券金融人才。资本市场的发展促进了企业家队伍的形成和发展，过去 20 年，随着中国股票市场的发展，培育了大量的懂市场、会经营、具有国际视野的企业家、金融家、风险投资家。形成了包括银行、证券公司、基金管理公司、投资公司、资产管理公司等比较完善的金融机构体系。发展了其他金融中介机构，包括为资本市场服务的会计事务所、律师事务所、评估机构等专业人员，这些精英对中国的经济发展、对中国资本市场的发展起了非常大的作用。

4. 培养了人们的投资意识，开拓了市值创富的路径。股票市场的发展改变了人们的观念，形成了资本市场的文化。人们懂得了什么是投资，如何投资，懂得了什么是风险，如何防范风险，形成了庞大的投资者队伍，上市公司市值成为个人财富重要的组成部分。中国股票市场成为富裕起来的百姓获得“财产性收入”的重要投资平台。

5. 推进了中国经济的国际化。在股票市场发展过程中进行了一系列的探讨，包括发行 B 股、H 股，引进了 QFII，发展了 QDII，引进了战略投资者，另外，我们有一些企业到境外发行上市等。股票市场发展过程中的这些行为与举措对中国经济的国际化起到了很大的促进作用。